QUEM ARISCA NÃO PETISCA

UMA INTERPRETAÇÃO PSICANALÍTICA DA ANOREXIA NERVOSA

MARIA JOÃO SOUSA E BRITO

QUEM ARISCA NÃO PETISCA

UMA INTERPRETAÇÃO PSICANALÍTICA
DA ANOREXIA NERVOSA

ALMEDINA

MARIA JOÃO SOUSA E BRITO

QUEM ARISCA NÃO PETISCA
UMA INTERPRETAÇÃO PSICANALÍTICA DA ANOREXIA NERVOSA

DISTRIBUIDORES
LIVRARIA ALMEDINA
Arco de Almedina, 15
3004-509 Coimbra - Portugal
T 239851900 | F 239851901
geral@almedina.net
www.almedina.net

LIVRARIA ALMEDINA - PORTO
Rua de Ceuta, 79
4050-191 Porto – Portugal
T 22 2059773 | F 22 2039497

EDIÇÕES GLOBO, LDA.
Rua S. Filipe Nery, 37-A (ao Rato)
1250-225 LISBOA - PORTUGAL
T 213857619 | F 213844661

DESENHO GRÁFICO
FBA. FERRAND, BICKER & ASSOCIADOS
info@fba.pt

EXECUÇÃO GRÁFICA
GRÁFICA DE COIMBRA, LDA.
producao@graficadecoimbra.pt

DEPÓSITO LEGAL: 163895/01

ISBN 972-40-1493-2

MARÇO, 2001

Esta obra foi elaborada segundo os mais rigorosos procedimentos de qualidade, de modo a evitar imprecisões ou erros na reprodução dos textos oficiais. Aconselhamos, no entanto, que na sua utilização os diplomas legais sejam sempre comparados com os das publicações oficiais.

ÍNDICE

PREFÁCIO 7

INTRODUÇÃO 9

CAPÍTULO I – A ENTREVISTA CLÍNICA COMO MÉTODO DA INVESTIGAÇÃO PSICANALÍTICA 11

1.1 – Função metódica da entrevista clínica 13

1.2 – A análise como um processo de transferência em Freud 14

1.3 – Processo analítico como processo de *at-one-ment* em Bion e Amaral Dias 15

CAPÍTULO II – ESQUEMA INTERPRETATIVO PSICANALÍTICO DE PARTIDA: ASPECTOS METODOLÓGICOS E REFERÊNCIAS À ANOREXIA 19

1.1 – A psicanálise de Freud entre o positivismo e a hermenêutica 21

1.2 – A primeira fase: «Projecto para uma Psicologia Científica» (1885) 21

1.3 – A segunda fase: «A Interpretação dos Sonhos» (1900) e «Sobre os Sonhos» (1901) 24

1.4 – A terceira fase: «Artigos sobre metapsicologia» (1914-17) 27

1.5 – Referências à anorexia 29

2.1 – A psicanálise de Bion. Análise da supervisão de um caso de anorexia nervosa 34

2.2 – 1.ª tese: «A memória não faz sentido» 36

2.3 – 2.ª tese: «O modelo médico encobre mais do que revela» 38

2.4 – 3.ª tese: «Esperamos que o facto de que o analista pode estar em companhia mental da paciente, possa ajudá-la a crescer e desenvolver» 40

2.5 – 4.ª tese: «O problema imediato sem dúvida é: o que irá o analista dizer para esta paciente» 45

2.6 – 5.ª tese: «Nós estamos em uma posição singular – se não formos nós, não será ninguém mais» 46

2.7 – 6.ª tese: «No consultório existem três pessoas: o analista que está completamente consciente, e que continua consciente, o paciente e o inconsciente do paciente. Bem, nós podemos tentar dizer a ela alguma coisa, na esperança de que ela possa passar isto para o seu inconsciente» 47

2.8 – 7.ª tese: «Quando esta paciente vem ao analista ... existem três pessoas lá: ... o analista, a pessoa adulta e um bebé muito prematuro e muito precoce» 49

2.9 – 8.ª tese: «Uma luta está sendo travada entre o que poderíamos chamar de sanidade e insanidade, nascimento e não-nascimento, comer ou morrer de fome, raquitismo e atletismo, ser mentalmente activo ou mentalmente morto» 49

2.10 – 9.ª tese: «Este é o problema da pessoa sábia ou inteligente, que não ousa se tornar livre, e que não ousa, por outro lado, prosseguir encapsulada» 50

Capítulo III – CASOS CLÍNICOS 53

1. Primeiro caso: A MATILDE 55

2. Segundo caso: A HELENA 72

3. Terceiro caso: A RITA 82

Capítulo IV – REFLEXÃO CRÍTICA E CONCLUSÕES SOBRE OS CASOS CLÍNICOS 91

Bibliografia 97

PREFÁCIO

O LIVRO de Maria João Sousa e Brito «Quem arisca, não petisca: – Uma interpretação psicanalítica da anorexia nervosa» traz para o meio científico nacional uma contribuição valiosa para a compreensão dos distúrbios do comportamento alimentar.

A anorexia nervosa (ou anorexia mental) tem sido considerada por muitos investigadores como «doença do século», «da moda», pela facilidade de entrecruzamento entre estereótipos sociais ligados à representação do corpo feminino e o corpo anoréxico como limite desta mesma representação. Tais contribuições ao insistirem numa fenomenologia do efémero, alienam-se por aí das invariantes psicológicas que fundamentam hoje como ontem e ontem como amanhã as complexas relações entre o feminino e o maternal. Tanto mais que a estas está fadado no devir adolescente o questionamento, a perplexidade e o desencontro. As angústias de natureza psicótica emergentes, sem com isso nos referirmos à psicose stricto sensu, evadem o campo da consciência na fronteira somato-psíquica, catastrofizando muitas vezes o lugar emergente a saber o da sexualidade feminina.

Que as anoréticas não gozam é sabido. Porque é que não gozam é outra coisa. Essa outra coisa, reenviando à idealização, ao perfeccionismo quase delirante, ao narcisismo que raia o narcisismo de morte, ou tão só a uma impossibilidade de pensar, essa outra coisa dizia, abre-se com uma nova luz na obra agora dada pública.

Por isso este livro não contém nenhum segredo de culinária. Ou seja, nele não se descrevem formas de «ajudar» a paciente anoréxica a lidar com a alimentação, etc. Não que tais aspectos não sejam significativos. Mas a autora que tal como nós acredita que a fundamentação significa voltar aos fundamentos da coisa, a eles dedicou reflexão aprofundada.

Balanceado entre a descrição de um modelo teórico, baseado essencialmente na obra de Wilfred Bion e a insuportabilidade da clínica, o livro «Quem arisca, não petisca: – Uma interpretação psicanalítica da anorexia nervosa» constitui por isso um valioso instrumento de trabalho para aqueles que se interessem seriamente em compreender problemática tão complexa.

Recomendo pois vivamente a sua leitura a todos os técnicos de saúde mental com a certeza de que as dúvidas que o livro levanta, farão nascer dúvidas tão criativas como as que permitiram a feitura desta obra.

CARLOS AMARAL DIAS

INTRODUÇÃO

HÁ CERCA DE OITO ANOS comecei a trabalhar no núcleo de endocrinologia e metabolismo do Hospital de Santa Maria e recordo-me da minha dificuldade em compreender uma doença que me parecia voluntária, de incredulamente ver aquelas miúdas a prejudicarem a sua saúde física, de achar incoerente e estúpido o discurso que proferiam acerca da beleza e do corpo. Hoje penso que se tratava da minha impaciência e de uma espécie de rivalidade infantil.

À medida que o meu processo analítico foi evoluindo e com a ajuda da supervisão, consegui entrar mais dentro do pensamento e do sentir destas raparigas. A minha sensação foi a de esbarrar contra pensamentos e imagens, algo muito fundo, petrificado, uma espécie de monstro dominador que dentro delas as proíbe de comer.

Comecei a interessar-me e a perceber que à pobreza de um universo mental preenchido por dietas e calorias correspondia um sofrimento de não saber viver, de o tempo passar e não ter qualquer prazer.

Oscilando entre o não saber o que procurava — e como diz um provérbio brasileiro «quem não sabe o que procura, não encontra o que acha» — e o saber intuitivamente de que para achar é preciso não saber o que se procura, preenchia o meu íntimo com pensamentos, contradições, problemas, hipóteses, medidas e conclusões.

Percebi que o que devia fazer era olhar para o discurso e para os pensamentos destas pacientes e tentar descrever e compreender a realidade.

No fundo imitar Miguel Angelo que a propósito de David disse «a estátua já estava lá, eu só tirei umas pedras».

Numa primeira fase pensei usar extractos das entrevistas para ilustrar um conjunto de reflexões, de ideias e reformulações teóricas.

Mas uma reflexão metódica sobre o meu próprio trabalho, de assumida inspiração psicanalítica, levou-me porém, por razões que desenvolverei a seguir, a organizar diferentemente a exposição. Assim, resolvi escrever uma pequena história sobre cada rapariga, como eu as vivo, como as olho, como as vejo e na qual procuro compreender os movimentos psíquicos individuais que se desenrolaram em cada encontro.

Nas entrevistas com as anoréxicas sou, por todas as razões, sensível à sua magreza, ao seu ar pálido, à expressão, à proximidade ou distância e à disponibilidade com que se relacionam comigo.

Também elas me vivem de forma muito diferente, cada uma à sua maneira, reagem ao que lhes digo, à minha presença, ao meu aspecto físico que tantas vezes evocam e comentam.

E assim tentámos criar algo de único em cada entrevista.

As reflexões teóricas, cujo ponto de partida se apresentam no início da investigação e cujas conclusões provisórias se resumem no final, não são mais do que um esquema interpretativo em constante reelaboração, um «aparelho de pensar» (Bion) casos individuais.

Não obstante o método da descoberta («a heurística») se configure com um processo circular, ou mais precisamente em espiral, de progressivo reconhecimento do mesmo (o chamado círculo hermenêutico), justifica-se por razões de clareza a seguinte ordem de exposição:

- *primeiro, um esclarecimento metódico sobre o método analítico e a função nele da entrevista clínica.*
- *segundo, uma breve exposição do esquema analítico de partida.*
- *terceiro, a exposição dos casos como núcleo de investigação.*
- *finalmente, uma reflexão sobre o esquema interpretativo analítico utilizado e enriquecido através da investigação dos casos.*

CAPÍTULO I

A ENTREVISTA CLÍNICA COMO MÉTODO DA INVESTIGAÇÃO PSICANALÍTICA

«Regresso a mim. Alguns anos andei viajando a conhecer maneiras de sentir»

FERNANDO PESSOA

1.1 – FUNÇÃO METÓDICA DA ENTREVISTA CLÍNICA

A ENTREVISTA clínica pode ter funções metódicas diferentes em Psicologia.

Numa concepção psicanalítica como a que é aqui seguida, a entrevista clínica não é apenas um instrumento metódico entre outros, uma metodologia que tem um objectivo diferente, como seja a formulação de leis ou a determinação de probabilidades, mas é um método essencial que visa o próprio objecto do conhecimento científico. O que se pretende dizer poderá esclarecer-se através do recurso à distinção que Windelband (*Geschichte und Naturwissenschaft*, 1894, apud Von Wright, 1971,5) faz entre ciências nomotéticas que visam a formulação de leis e ciências ideográficas que visam o conhecimento de factos individuais.

Esta distinção que foi aplicada por Windelband, para caracterizar a história frente às ciências naturais, é esclarecedora de um entendimento da psicologia, como ciência que visa compreender casos individuais, na tradição psicanalítica. Para a psicanálise, a entrevista clínica é um método fundamental, frente à utilização não analítica da entrevista como método de confirmar ou infirmar hipóteses relativas à formação de quaisquer leis psicológicas.

1.2 – A ANÁLISE COMO UM PROCESSO DE TRANS-FERÊNCIA EM FREUD

É neste contexto que Freud («Fragmento da Análise de um Caso de Histeria» (1905, ESB, VII, 110-111)) fala de transferências: «o que são as transferências? São reedições, reproduções das moções e fantasias que, durante o avanço da análise, soem despertar-se e tornar-se conscientes, mas com a característica (própria do género) de substituir uma pessoa anterior pela pessoa do médico. Dito de outra maneira: toda uma série de experiências psíquicas prévia é revivida, não como algo passado, mas como um vínculo actual com a pessoa do médico. Algumas dessas transferências em nada se diferenciam de seu modelo, no tocante ao conteúdo, senão por essa substituição. São portanto, para prosseguir na metáfora, simples reimpressões, reedições inalteradas. Outras fazem-se com mais arte: passam por uma moderação de seu conteúdo, uma sublimação, como costumo dizer, podendo até tornar-se conscientes ao se apoiarem em alguma particularidade real, habilmente aproveitada da pessoa ou das circunstâncias do médico. São, portanto, edições revistas, e não mais reimpressões.

Quando se penetra na teoria da técnica analítica, chega-se à concepção de que a transferência é uma exigência indispensável. Na prática, pelo menos, fica-se convencido de que não há nenhum meio de evitá-la, e de que essa última criação da doença deve ser combatida como todas as anteriores. Ocorre que essa parte do trabalho é de longe a mais difícil. Interpretar os sonhos, extrair das associações do enfermo os pensamentos e lembranças inconscientes, e outras artes similares de tradução são fáceis de aprender: o próprio doente sempre fornece o texto para elas. Somente a transferência é que se tem de apurar quase que independentemente, a partir de indícios ínfimos e sem incorrer em arbitrariedades. Mas ela é incontornável, já que é utilizada para produzir todos os empecilhos que tornam o material inacessível ao tratamento, e já que só depois de resolvida a transferência é que surge no enfermo o sentimento de convicção sobre o acerto das ligações construídas (durante a análise)».

Mais tarde, Freud «Recordar, Repetir e Elaborar», (1914, ESB, XII, 197) explicita a transferência como um processo que só se esclarece no relacionamento com a compulsão à repetição e a resistência. Nas suas palavras: «Logo percebemos que a transferência é, ela própria, apenas um fragmento da repetição e que a repetição é uma transferência do passado esquecido, não apenas para o médico, mas também para todos os outros aspectos da situação actual. Devemos estar preparados para descobrir, portanto, que o paciente submete-se à compulsão à repetição, que agora substitui o impulso a recordar, não apenas em sua atitude pessoal para com o médico, mas também em cada diferente actividade e relacionamento que podem ocupar a sua vida na ocasião – se, por exemplo, se enamora, incumbe-se de uma tarefa ou inicia um empreendimento durante o tratamento. Também o papel desempenhado pela resistência é facilmente identificável. Quanto maior a resistência, mais extensivamente a actuação (acting out) (repetição) substituirá o recordar, pois o recordar ideal do que foi esquecido, que ocorre na hipnose, corresponde a um estado no qual a resistência foi posta completamente de lado».

A transferência, cuja problemática Freud expõe através das suas relações com a repetição e a resistência, é «aquilo que se mobiliza na entrevista clínica» na expressão de Béatrice Marbeau – (Leirens 1985, 40 ss.).

1.3 – PROCESSO ANALÍTICO COMO PROCESSO DE *AT-ONE-MENT* EM BION E AMARAL DIAS.

A teoria da transferência de Freud apenas foca o analisando no processo analítico.

Freud complementou com uma teoria da contra-transferência que em «As Perspectivas Futuras da Terapêutica Psicanalítica» (1910, ESB, XI, 130) descreve como uma inovação na técnica psicanalítica relacionada com o próprio médico. Nele – diz Freud – a contra-transferência «surge como resultado da influência do paciente sobre os seus sentimentos inconscientes e estamos quase inclinados a insistir que ele reconhecerá a contra-transferência em si mesmo, e a sobre-pujará. [...] nenhum psicanalista avança além do quanto permitem os seus próprios complexos e resistências internas; e, em consequência, requeremos que ele deva iniciar a sua actividade por uma auto-análise».

A teoria analítica posterior problematizou especialmente a posição e a actividade do analista.

Uma forma radical desse desenvolvimento teórico, que obriga a repensar a relação sujeito-objecto, é a teoria da análise como processo conducente ao *at-one-ment* ou à comunhão, desenvolvida por Bion e na sua esteira por Amaral Dias (1988,132).

Diz este último autor, tendo em mente a teoria da transferência de Freud «O fundamental, na análise, é o processo de comunicação específico da relação analítica, isto é, a sua dimensão transferencial e contra-transferencial. Aquela pode de novo ser vista em dois planos: como repetição e como vivência. A transferência como repetição faz do analista, na sua neutralidade e impavidez, um receptor passivo, e um descodificador do passado repetido. Como vivência, a transferência opera noutro registo: como projecção no interior do analista das partes do self do analisando, de forma a que ele a possa compreender e mudar sob a forma de interpretação. O conceito de Bion de continente/conteúdo, aplicável em primeiro lugar à relação precoce (mãe-filho), ao ser vertida na relação analítica implica precisamente uma mudança qualitativa na compreensão da transferência e da contra-transferência. O analista como continente do analisando procura, em termos de comunicação, recebê-lo integralmente no seu interior, realizando o que Bion designou por *at-one-ment*. A contra-transferência é então pensar com, sentir com. A interpretação é a formulação verbal desta empatia. Através da capacidade de rêverie, o analista diz pela palavra o que o primeiro pensou e sentiu, não do seu analisando mas do seu analisando dentro de si.»

O que é importante acentuar nesta nova concepção é que em resultado da análise se constitui verdadeiramente o objecto psicanalítico. Amaral Dias (1998,69) fala aqui em objecto psicanalítico modificado que surge como resultado da interpretação. Não se trata porém de um resultado final da actividade analítica.

Há aqui uma espécie de círculo hermenêutico. Diz Amaral Dias que «o objecto analítico modificado (OPm) é o lugar de partida e de chegada».

Em certo sentido, ele é constituído pela análise: «Este novo objecto, criado aqui e agora, respeita ainda o nível epistemológico de aproximação à verdade – nível científico – porque partindo também das pré-concepções teóricas do analista; estas, 'activadas' pelas palavras do analisando (TBp), estão por isso contidas no produto final, ou seja, em OPm.

É por isso que sem uma união mística em continente–conteúdo não é possível a criação de OPm (objecto de crescimento)» (1998, 71).

É assim que em Amaral Dias é possível compreender o conceito de comunhão que corresponde ao *at-one-ment* de Bion: «A natureza da comunhão, assim delineada, é o que cria OPm» (1998,70).

Haverá aqui que notar que tal comunhão ou *at-one-ment* pressupõe a eliminação do desejo e da memória por parte do analista. Como diz Bion (1967,138) «não há lugar para o desejo na análise; não há lugar para a memória pois esta baseia-se em desejos relacionados a actividades passadas, distintas da análise».

De si próprio diz Bion que à medida que se foi tornando capaz de observar a evolução da situação analítica deparou-se com «os aspectos frustrantes da memória e do desejo. Os analisandos estimulam ambos elementos, no analista, como forma de destruir o elo de ligação deste com o analisando. É como se o próprio paciente fosse um psicanalista que descobrisse tais elementos e passasse a estimulá-los, deliberadamente, para destruir o elo de ligação entre ele e o analista»(1967,144).

À memória e ao desejo poderá acrescentar-se a compreensão, como diz Amaral Dias (1988,70). Mas aqui haverá que precisar o seguinte: a compreensão, cujo funcionamento se elimina é apenas a pré–compreensão que resulta do desejo e da memória do analista. O que se pretende com a análise é um conjunto de interpretações (portanto, afinal uma compreensão) dos desejos e das memórias do analisando que em dispersão (PS) são expostos ao analista na entrevista clínica.

CAPÍTULO II

ESQUEMA INTERPRETATIVO PSICANALÍTICO DE PARTIDA: ASPECTOS METODOLÓGICOS E REFERÊNCIAS À ANOREXIA

1.1 – A PSICANÁLISE DE FREUD ENTRE O POSITIVISMO E A HERMENÊUTICA

FREUD FORMOU-SE intelectualmente sob a influência filosófica dominante do positivismo. É portanto de esperar que a dimensão hermenêutica da sua própria teoria só se tenha revelado progressivamente ao próprio, como uma imposição derivada das dificuldades em enquadrar os resultados progressivamente alcançados no modelo científico do positivismo. Esta suspeita confirma-se através da análise comparativa das três obras chave, que já Ricoeur (1965, 75 ss.) também estudara neste contexto, embora sem a preocupação analítica que caracteriza este trabalho:

«Projecto para uma Psicologia Cientifica» (1895), «A Interpretação dos Sonhos» (1900), e os «Escritos de Metapsicologia» (1914-17).

1.2 – A PRIMEIRA FASE: «PROJECTO PARA UMA PSICOLOGIA CIENTÍFICA» (1895)

Freud começa por anunciar: «A intenção é prover, uma psicologia que seja ciência natural: isto é, representar os processos psíquicos como estados quantitativamente determinados de partículas materiais especificáveis, tornando assim esses processos claros e livres de contradição. Duas são as ideias principais envolvidas: A que distingue a actividade do repouso deve ser considerada como Q, sujeita às leis gerais do movimento. Os neurónios devem ser encarados como partículas materiais» (ESB, I, 315).

O que se segue é uma teoria mecanicista pretensamente quantitativa, inspirada na termodinâmica, segundo a qual haveria uma lei de manutenção da tensão prazer/desprazer, como forma de equilíbrio energético. Vejamos como Freud formula este programa como tentativa de explicação da histeria.

«Deriva directamente das observações clínicas patológicas – escreve – especialmente, no que diz respeito a ideias excessivamente intensas na histeria e nas obsessões, nas quais, como veremos, a característica quantitativa emerge com mais clareza do que seria normal. Processos, como estímulo, substituição, conversão e descarga que tiveram de ser ali descritos (em conexão com esses distúrbios), sugeriram directamente a concepção da excitação neuronal como uma quantidade em estado de fluxo. Parecia lícito tentar generalizar o que ali se comprovou. Partindo dessa consideração, pôde-se estabelecer um princípio básico da actividade neuronal em relação a Q, que prometia ser extremamente elucidativo, visto que parecia abranger toda a função. Esse é o princípio de inércia neuronal: os neurónios tendem a se livrar de Q. A estrutura e o desenvolvimento, bem como as funções (dos neurónios), devem ser compreendidos com base nisso» (315-316).

Este princípio da inércia neuronal ficou posteriormente conhecido como o «principio da constância».

Passando por cima da complicada teoria do equilíbrio energético neuronal que Freud desenvolve no Projecto, vejamos agora a sua aplicação à «compulsão histérica»:

«O histérico, que chora por causa de A, não percebe que isso se deve à associação A-B, sendo que B não desempenha o menor papel na sua vida psíquica. Neste caso, a coisa foi completamente substituída pelo símbolo:

»Esta afirmação está certa no sentido mais estrito. Nós podemos convencermo-nos que, sempre que é evocada, do exterior ou por associação, alguma coisa que de facto deveria catexizar B, em seu lugar aparece A na consciência. A rigor, pode-se deduzir a natureza de B a partir das causas provocadoras que – de maneira marcante – suscitam o aparecimento de A.

»Em suma: A é compulsiva e B está recalcada (pelo menos da consciência).

»A análise levou a esta surpreendente conclusão: para cada compulsão existe um recalque correspondente e, para cada intrusão excessiva na consciência, existe uma amnésia correspondente.

»A expressão 'excessivamente intensa' aponta para características quantitativas. É plausível supor que o recalcamento tenha o sentido quantitativo de ser despojado de Q, e que a soma dos dois (da compulsão e do recalcamento) seja igual ao normal. Sendo assim só a distribuição se modificou. Algo foi acrescentado a A, que foi subtraído de B. O processo patológico é um processo de deslocamento, tal como vimos a conhecer nos sonhos – ou seja, um processo primário» (365-366).

A dificuldade verdadeiramente nevrálgica em sentido nada fisiológico é aqui a interpretação que, no Projecto, Freud dá da relação simbólica entre a ideia compulsiva de A e a ideia recalcada de B. Freud apresenta esta relação como uma aplicação de uma lei de constância entre uma carga energética neuronal positiva (correspondente a A) e uma carga energética negativa (correspondente a B).

Com efeito, esta teoria redutora elimina precisamente a especificidade da substituição simbólica no recalcamento, substituindo-a por uma explicação causal concebida para relações entre eventos naturais completamente diferentes.

No entanto, como nota Ricoeur, nesta redução do simbólico ao fisiológico «o esboço é o adeus anatomia sob a forma de uma anatomia fantástica».

Por outro lado, também nota Ricoeur que «os conceitos energéticos são já correlativos da actividade de interpretação posta em jogo pela etiologia das neuroses» (2).

No entanto, não pode subestimar-se o papel decisivo que na teoria psicanalítica continuará a ter o princípio da constância, que hoje se poderia designar como o princípio cibernético de equilíbrio.

1.3 – A SEGUNDA FASE: «A INTERPRETAÇÃO DOS SONHOS» (1900) E «SOBRE OS SONHOS» (1901)

«A Interpretação dos Sonhos» é uma obra que Freud foi sucessivamente ampliando e revendo, ao longo das suas oito edições originais, de 1900 a 1930. É assim natural que nela se reflictam concepções metodológicas diferenciadas, correspondentes a fases também diferentes do pensamento de Freud.

É assim que o texto sobre «Os meios de representação dos sonhos» terminava originariamente com uma explicação do tipo causalista sobre a angústia: «a angústia é um impulso libidinal que tem origem no inconsciente e é inibido pelo pré–consciente. Quando, portanto. a sensação de inibição está ligada à angústia num sonho deve tratar--se de um acto de violação que um dia foi capaz de gerar líbido – em outras palavras, deve tratar-se de um impulso sexual» (sobre isto comentou Freud em nota de rodapé de 1930 «à luz de conhecimentos posteriores esta afirmação já não pode ser sustentada») (ESB, IV, 321).

Na edição de 1919, Freud acrescentou um parágrafo sobre o «sonho dentro do sonho». Escreve então: «o que foi 'sonhado' no sonho é uma representação da realidade, a verdadeira lembrança, ao passo que a continuação do sonho, pelo contrário, meramente representa o que o sonhador deseja. Incluir algo num 'sonho dentro do sonho' equivale, assim, a desejar que a coisa descrita como sonho nunca tivesse acontecido. Em outras palavras, quando um evento específico é inserido num sonho como sonho pelo próprio trabalho do sonho, isso implica a mais firme confirmação da realidade do evento – a sua afirmação mais forte. O trabalho do sonho se serve do sonhar como forma de repúdio, confirmando assim a descoberta de que os sonhos são realizações de desejos» (ESB, IV, 321-322).

24 : MARIA JOÃO SOUSA E BRITO

É claro que a estrutura lógica desta explicação do sonho dentro do sonho, como a realização do desejo de que a coisa descrita como sonho nunca tivesse acontecido, corresponde já a uma inferência prática, e não ao modelo da lei causal, sem prejuízo da interpretação que se der à regularidade com que recorre tal inferência.

A comparação das várias variantes que se pode fazer nas edições «standard» (inglesa e brasileira) revela porém que a unidade pro-blemática da obra prevalece sobre as aproximações metodológicas. Comparemos para o efeito dois textos, o primeiro, o Cap. VI sobre o «Trabalho do Sonho» (ESB, IV, 296) «parece plausível supor que, no trabalho do sonho, está em acção uma força psíquica que, por um lado, despoja os elementos com alto valor psíquico de sua inten-sidade, e, por outro, por meio da sobredeterminação, cria, a partir de elementos de baixo valor psíquico, novos valores, que depois pene-tram no conteúdo do sonho. Assim sendo, ocorrem uma transferência e deslocamento de intensidade psíquicas no processo de formação do sonho, e é como resultado destes que se verifica a diferença entre o texto do conteúdo do sonho e o dos pensamentos do sonho. O processo que estamos aqui presumindo é nada menos do que a parcela essencial do trabalho do sonho, merecendo ser descrito como o 'deslocamento do sonho'. O deslocamento do sonho e a conden-sação do sonho são os dois factores dominantes a cuja actividade podemos, em essência, atribuir a forma assumida pelos sonhos». Temos, portanto, aqui um esquema de tipo cibernético, mais com-plexo, mas fundamentalmente semelhante ao que encontrámos no Projecto.

O segundo texto é do «Ensaio sobre os Sonhos» (ESB, V, 603--604) que Freud escreveu em 1901, para resumir a interpretação dos sonhos: «Nossa hipótese é que, no nosso aparelho anímico, existem duas instâncias formadoras do pensamento, das quais a segunda goza do privilégio de que os seus produtos tenham livre acesso à consciência, ao passo que a actividade da primeira é em si inconsciente e só pode chegar à consciência por intermédio da segunda. Na fronteira entre as duas instâncias, na passagem da pri-meira para a segunda, há uma censura que só deixa passar o que lhe é agradável e retém tudo o mais. De acordo com nossa definição, portanto, o que é rejeitado pela censura fica em estado de recalcamento. Em certas condições, uma das quais é o estado de sono, a relação de forças entre as duas instâncias modifica-se de tal maneira que o recalcado não pode mais ser refreado. No estado de sono, isto provavelmente ocorre graças a um relaxamento da censura; quando isso acontece, torna-se possível ao que até então estava recalcado facilitar-se o caminho para a consciência. Entretanto, visto que a censura nunca é completamente eliminada, mas simplesmente reduzida, o material recalcado tem de submeter-se a certas alterações que atenuam seus aspectos ofensivos. O que se torna consciente, nesses casos, é um compromisso entre as intenções de uma das instâncias e as exigências da outra. Recalcamento – relaxamento da censura – formação de compromisso: este é o modelo básico da génese não apenas de sonhos, mas também de muitas outras estruturas psicopatológicas; e nesses casos podemos observar também que a formação de compromisso é acompanhada por processos de condensação e deslocamento e pelo emprego de associações superficiais, com as quais nos familiarizamos no trabalho do sonho».

A estrutura lógica da explicação que Freud aqui dá do sonho é tipicamente equívoca, tanto pode esquematizar-se em termos cibernéticos como um sistema de equilíbrio (ou compromisso) entre a força psíquica recalcada e a força da censura que se relaxa durante o sono. Mas a referência explícita de Freud ao «compromisso entre as intenções de uma das instâncias e as exigências da outra» recorre claramente a uma lógica de intencionalidades contrapostas que se articulam em inferências práticas.

Este último jogo de intencionalidades torna-se perfeitamente claro, logo a seguir no mesmo ensaio, quando Freud explica a função do sonho: «O sonho proporciona uma espécie de consumação psíquica ao desejo suprimido (ou formado com o auxílio do material recalcado), representando-o como realizado; mas atende também à outra instância, permitindo que o sono prossiga. Nesse aspecto, nosso eu tende a comportar-se como uma criança; dá crédito às imagens do sonho, como se quisesse dizer: «Sim, sim! Você tem toda a razão, mas deixe-me continuar dormindo!» «O menosprezo que mostramos pelo sonho quando acordados e que relacionamos com seu carácter confuso e aparentemente ilógico, provavelmente não passa do julgamento proferido por nosso Eu adormecido sobre as noções recalcadas, julgamento este que se apoia, com pleno direito, na impotência motora desses perturbadores do sono. Por vezes nos damos conta, durante o sono, desse julgamento desdenhoso. Quando o conteúdo do sonho excede a censura em demasia, pensamos: «Afinal, é apenas um sonho!» – e continuamos a dormir.

Essa visão não se contradiz pelo facto de haver casos marginais em que o sonho – como acontece com os sonhos de angústia – já não consegue desempenhar sua função de impedir a interrupção do sono e assume, em vez disso, a outra função de fazê-lo cessar prontamente. Assim procedendo, comporta-se simplesmente como um vigia nocturno consciencioso que, primeiro cumpre seu dever pela supressão das perturbações, para que os cidadãos não sejam despertados, mas depois continua a cumpri-lo, indo ele próprio acordar os cidadãos, quando as causas da perturbação lhe parecem graves e de um tipo que ele não pode enfrentar sozinho. (ESB, V, 606).

É certo que as intencionalidades a que Freud se refere têm um carácter mais objectivo e funcional e não propriamente consciente. É assim que Freud suspende de algum modo a sua realidade através da expressão «como se»: o eu «tende a comportar-se *como* uma criança», o sonho «comporta-se simplesmente *como* um vigia nocturno conscencioso».

1.4 – A TERCEIRA FASE: «ARTIGOS SOBRE METAPSICOLOGIA» (1914-17)

No conjunto de «Artigos sobre Metapsicologia» (1915), Freud renova o instrumentário conceptual da interpretação dos sonhos.

Logo no 1.º artigo sobre «Os Instintos e as suas Vicissitudes», Freud elabora uma teoria do «instinto». Este conceito, *Trieb*, é um conceito técnico, que não se confunde com o instinto animal. Por isso, muitos preferem seguir os tradutores franceses e traduzir *Trieb* por um termo técnico «pulsão».

A palavra «pulsão», porém, não inclui o elemento de finalidade que caracteriza o instinto e que se conserva em *Trieb*. Com efeito, como diz Freud, o instinto caracteriza-se não apenas pela sua pressão *(Drang)* que é «a sua quantidade de força» ou «a medida de exigência de trabalho» e que também se poderia traduzir por pulsão (agora em sentido naturalmente diferente do da psicanálise francesa), mas também pela sua finalidade *(Ziel)*, pelo seu objecto, *(Objekt)* e a sua fonte *(Quelle)*.

Ora todos estes últimos conceitos são definidos em termos finalísticos. Assim, «a finalidade de um instinto é sempre satisfação, que só pode ser obtida eliminando-se o estado de estimulação na fonte do instinto. Mas, embora a finalidade última de cada instinto permaneça imutável, poderá ainda haver diferentes caminhos conducentes à mesma finalidade última, de modo que se pode verificar que um instinto possui várias finalidades mais próximas ou intermediárias, que são combinadas ou intercambiadas umas com as outras». «O objecto de um instinto é a coisa em relação à qual ou através da qual o instinto é capaz de atingir sua finalidade». Finalmente por fonte de um instinto entende Freud «o processo somático que ocorre num órgão ou parte do corpo, e cujo estímulo é representado na vida mental por um instinto. Ora mesmo aqui observa Freud que «embora os instintos sejam inteiramente determinados por sua origem numa fonte somática, na vida mental nós os conhecemos apenas por suas finalidades. O conhecimento exacto das fontes de um instinto não é invariavelmente necessário para fins de investigação psicológica; por vezes a sua fonte pode ser inferida de sua finalidade». (ESB, XIV, 142-144).

Neste conjunto de definições, é particularmente significativo o que Freud diz sobre a finalidade *(Ziel)* do instinto, da qual atrás se transcreveu a passagem essencial. Com efeito, se poderá haver ainda diferentes caminhos conducentes à mesma finalidade última, não obstante esta permaneça imutável, abre-se assim um espaço de liberdade, que pode ser explorado pela terapia.

Este espaço de liberdade é contudo limitado, na medida em que não resulta de uma opção consciente do indivíduo, mas de uma vicissitude, porque Freud não o descreve como um espaço de opções conscientes do indivíduo, mas como um espaço em que têm lugar as diversas vicissitudes, ou destinos *(Schicksale)* que são as seguintes: «reversão ao seu oposto, retorno em direcção ao próprio eu, repressão, sublimação». (147).

Mantém-se assim, ao longo das três fases estudadas da metodologia freudiana, uma tensão entre a inspiração determinista de partida (que se pode reconduzir ao modelo da lei causal que se exprime sobretudo no princípio de constância do «Projecto») e a progressiva introdução de elementos hermenêuticos (que se reconduzem esquematicamente à realização de finalidades e, portanto, a inferências práticas). A tensão entre a necessidade e a liberdade mantém-se insolúvel na obra de Freud. Mas será alguma vez eliminável uma tensão que é constitutiva do trabalho da construção do Eu e, portanto, do próprio trabalho analítico?

1.5 – REFERÊNCIAS À ANOREXIA

Freud não nos deixou por escrito a análise de nenhum caso de anorexia nervosa de adolescentes. Descreve, no entanto, desenvolvidamente três casos, dois de histeria, o caso de Emmy, e o da histeria ocasional e o caso de neurose infantil, em que verificou a anorexia como sintoma ou aspecto de quadros clínicos mais complexos. Nesse contexto, negou a utilidade da psicanálise «quando se trata de eliminar com rapidez fenómenos perigosos, como, por exemplo, na anorexia histérica» («Sobre a Psicoterapia», 1905, ESB, VII, 248)

Em contraste com estas tomadas de posição, que tendem a desvalorizar o interesse da anorexia para a psicanálise, Freud revela nos textos relativos à sua correspondência com Fliess, ter observado cuidadosamente nesse período (1895) a anorexia nervosa das jovens, propondo-nos então uma interpretação geral desse tipo de anorexia.

Na sua «Comunicação Preliminar» de 1893 «Sobre o Mecanismo Psíquico dos Fenómenos Histéricos», escrita conjuntamente com Breuer (ESB, II, 39 ss), Freud descreve a anorexia da Sr.ª Emmy que terá observado em 1888 (sobre a determinação exacta da data confira-se ESB, II, 295).

Emmy, que Freud descreve como uma mulher histérica de 40 anos, comia muito pouco e não bebia água nem qualquer outro líquido que não fosse espesso. Em hipnose, explicou que em criança era obrigada pela mãe a comer por castigo do mesmo prato duas horas depois a carne com gordura fria que recusara comer ao jantar; além disso, anos depois, acompanhava na refeição o seu irmão tuberculoso, que tinha sempre sobre a mesa a escarradeira. A consciencialização destas causas da anorexia foi suficiente como tratamento deste sintoma. (ESB, II, 105-107). Freud considerou a anorexia desta paciente como «o mais brilhante exemplo» de uma espécie de abulia que «depende da presença de associações carregadas de afecto e não resolvidas que se opõe à vinculação com outras associações e particularmente com qualquer uma que seja incompatível com elas... Ela comia tão pouco por não gostar do sabor, e não podia apreciar o sabor porque o acto de comer, desde os primeiros tempos, se vinculara a lembranças de repulsa cuja soma de afecto jamais diminuíra em qualquer grau; e é impossível comer com repulsa e prazer ao mesmo tempo. Sua antiga repulsa às refeições permanecera inalterada porque ela era constantemente obrigada a reprimi-la, em vez de livrar-se dela por reacção. Na infância ela fora forçada, sob ameaça de punição, a comer a refeição fria que lhe era repugnante, e nos anos posteriores tinha sido impedida, por consideração aos irmãos, de extremar os afectos a que ficava exposta durante suas refeições em comum» (112).

Esta espécie de abulia é por sua vez reconduzida por Freud a uma espécie de paralisia psíquica. Freud remete para um artigo de 1893, em que tentou dar uma explicação psicológica das paralisias histéricas: «nele cheguei à hipótese de que a causa dessas paralisias recidira na inacessibilidade a novas associações por parte de um grupo de representações vinculadas, digamos, a uma extremidade do corpo; essa inacessibilidade associativa dependeria, por sua vez, do facto de a representação do membro paralisado estar ligada à lembrança do trauma – uma lembrança carregada de afecto que não fora descarregado. Mostrei, a partir dos exemplos extraídos da vida quotidiana, que uma catexia como essa, de uma representação cujo afecto não foi decomposto, envolve sempre uma certa dose de inacessibilidade associativa e de incompatibilidade com novas catexias.

Até agora não consegui confirmar, por meio da análise hipnótica, essa teoria sobre as paralisias motoras, mas posso citar a anorexia da Sr.ª von N, como prova de que esse mecanismo é o que opera em certas abulias, e de que as abulias nada mais são que uma espécie altamente especializada – ou, para usar a expressão francesa, 'sistematizada' – de paralisia psíquica» (113).

O mesmo caso é referido por Freud numa «Conferência» sua da mesma altura com o mesmo título (ESB, III, 41).

Muito semelhante e da mesma época é «Um Caso de Cura por Hipnotismo» (1892-93). Trata-se de uma mulher jovem entre os 20 e os 30 anos, que Freud conhecia desde a infância e que classifica, citando Charcot, como uma «histérique d'occasion». Esta paciente, contra a sua vontade, tinha aversão à comida, recusava-se a comer, pelo que não amamentava o filho recém–nascido. Freud conseguiu eliminar o sintoma através de uma ordem dada em estado de hipnose (ESB, I, 140).

Freud dá porém uma explicação *a posteriori*: «extremamente característico da histeria que, quando chega o momento de se pôr em execução a intenção, a ideia antitética inibida consegue actualizar-se através da inervação do corpo, com a mesma facilidade com que o faz, em circunstâncias normais, uma ideia volitiva. A ideia antitética estabelece-se, por assim dizer, como uma «contra-vontade», ao passo que o paciente, surpreso, apercebe-se de que tem uma vontade que é resoluta, porém impotente (...) a histérica... pode não estar consciente do seu receio, estar bastante decidida a levar a cabo a sua intenção e passar a executá-la sem hesitação. Aí, porém, comporta-se como se fosse sua vontade não amamentar a criança em absoluto. Ademais, essa vontade desperta nela todos os sintomas subjectivos que uma simuladora apresentaria como desculpa para não amamentar seu filho: perda do apetite, aversão à comida, dores quando a criança é posta a mamar. E, como, a contra-vontade exerce sobre o corpo um controle maior do que a simulação consciente, também produz no aparelho digestivo uma série de sinais objectivos que a simulação seria incapaz de engendrar. Aqui em contraste com a fraqueza da vontade mostrada na neuroastenia, temos uma perversão da vontade» (141-142).

A interpretação geral que Freud dá nesta época da anorexia nervosa das jovens exprime-se como «uma perda na vida *pulsional*»: «a neurose nutricional paralela à melancolia é a anorexia. A famosa *anorexia nervosa* das moças jovens, segundo me parece (depois de cuidadosa observação), é uma melancolia em que a sexualidade não se desenvolveu. A paciente afirma que não se alimenta simplesmente porque não tem *nenhum apetite*, não há qualquer outro motivo. Perda de apetite – em termos sexuais, perda de líbido» (ESB, I, 222-223).

A evolução da teoria psicanalítica em Freud, levá-lo-á mais tarde, sempre em conexão com estudos em que a anorexia surge integrada num quadro psíquico bem mais complexo, a interpretar a anorexia nervosa das jovens não já como um «empobrecimento pulsional», mas como consequência de ocorrências na fase oral do desenvolvimento sexual das crianças. Assim, em «História de uma Neurose Infantil» (EBS, XVII, 13 ss.), publicada em 1924, mas escrita em 1915, a seguir à conclusão do tratamento, Freud descreve uma anorexia infantil, pelo paciente «obscuramente recordada, na qual nada conseguia comer, a não ser coisas doces, até que as consequências se fizeram sentir em seu estado de saúde. Contaram-lhe sobre um dos seus tios, que do mesmo modo se havia recusado a comer e definhara até à morte, quando era ainda jovem. Foi também informado de que ele próprio, aos três meses de idade, estivera seriamente doente (com pneumonia?), que a mortalha já estava pronta para ele. Dessa maneira conseguiram alarmá-lo, de modo que começou outra vez a comer; e nos anos posteriores da sua infância chegou mesmo a exagerar no cumprimento desse dever, como que para resguardar-se contra a ameaça da morte».

Freud considera que a primeira indicação que tem do desenvolvimento sexual do seu paciente é a do distúrbio no apetite: A diminuição do instinto nutritivo (embora possa certamente ter outras causas) chama a atenção para uma deficiência, por parte do organismo, no domínio da excitação sexual. Nessa fase o objectivo sexual só pode ser o canibalismo, o propósito de devorar; no caso do nosso paciente, surge através da regressão de um estádio mais elevado, na forma de um medo de «ser comido pelo lobo». Na verdade, fomos obrigados a traduzi-lo para um medo de ser copulado pelo pai. É sabido que existe uma neurose nas meninas que ocorre numa idade muito posterior, na época da puberdade ou pouco depois, e que exprime a aversão à sexualidade por meio da anorexia. Essa neurose terá que ser examinada em conexão com a fase oral da vida sexual. O propósito erótico da organização oral aparece... em relações afectivas com crianças, quando a pessoa adulta finge ser ela própria uma criança. Em outra passagem exprimi minha suspeita de que o pai do nosso paciente costumava ceder ao «abuso afectivo», e pode ter brincado de lobo ou de cão com o menino, ameaçando por brincadeira engoli-lo. O paciente confirmava essa suspeita pelo curioso comportamento que mostrava na transferência. Sempre que, assustado pelas dificuldades do tratamento, recuava para a transferência, costumava ameaçar-me dizendo que ia devorar-me». (133-134)

A este propósito, comenta Freud estar «inclinado à opinião de que essa perturbação do apetite deva ser considerada como a primeira das doenças neuróticas do paciente. Se assim foi, o distúrbio no apetite, a fobia aos lobos e a devoção obsessiva constituíram a série completa de perturbações infantis que estabeleceu a predisposição para o seu colapso neurótico, após haver passado a puberdade. Objectar-se-à que poucas crianças escapam a tais perturbações, como uma perda temporária de apetite ou uma fobia animal. Contudo, é exactamente esse argumento que eu desejaria. Estou pronto a afirmar que toda a neurose em um adulto é construída sobre uma neurose que ocorreu em sua infância, mas que não foi grave o bastante para chamar a atenção e ser reconhecida como tal» (124).

Segundo Freud «parece, ademais, haver uma ansiedade que pertence a essa fase (somente, é claro, quando surge algum distúrbio), manifestando-se como um medo da morte, e que pode ser relacionada com qualquer coisa que se aponte à criança como sendo adequada a esse propósito. Com nosso paciente, foi empregada para induzi-lo a superar a sua perda de apetite e, na verdade, para supercompensá-la. Encontrar-se-à uma possível origem dessa perturbação do apetite se tivermos em mente (baseando-nos na hipótese que tantas vezes expusemos) que a observação que fez da cópula, com um ano e meio, a qual produziu tantos efeitos preteridos, ocorreu certamente antes do período de dificuldades na função alimentar. Assim, podemos talvez supor que acelerou os processos de amadurecimento sexual e, por conseguinte, produziu também de facto, efeitos imediatos, ainda que fossem aparentemente insignificantes» (134).

2.1 – A PSICANÁLISE DE BION. ANÁLISE DA SUPERVISÃO DE UM CASO DE ANOREXIA NERVOSA

Temos a transcrição de uma supervisão feita por Bion de um caso de anorexia.

A supervisão foi feita em São Paulo em 16 de Abril de 1974 e foi publicada na revista ÍDE da Sociedade Brasileira de Psicanálise de São Paulo (n.º 16, 1988, 3-8).

A supervisão tem uma dupla função: terapêutica e formativa.

A sua função terapêutica é comum à entrevista clínica, trata-se em ambos os casos de ajudar o paciente a compreender-se melhor. A supervisão relaciona-se também com a entrevista na medida em que tem como objecto a própria entrevista clínica, ou um conjunto de entrevistas; é uma meta-entrevista, às vezes com outros participantes, mais o supervisor e na generalidade dos casos, sem o paciente.

Além disso, a supervisão como que integra, embora noutro tempo e noutro espaço, a entrevista clínica, na medida em que desenvolve um dos seus elementos: a actividade interpretativa do analista.

Mas a supervisão tem ainda uma função formativa do próprio psicoterapeuta e excepcionalmente pode existir sem intenção terapêutica: por exemplo, quando se leva à supervisão um caso em que foi interrompida a psicoterapia. Esta última função explica que a transcrição ou relato de uma supervisão seja uma forma de conhecer o próprio pensamento teórico do supervisor.

Esta caracterização que se acaba de fazer da supervisão é inteiramente compatível e completada com as observações que Bion faz numa das suas «Lições Brasileiras» (1990, 187 ss), sobre a diferença que há entre supervisão e análise: «se está a fazer supervisão é importante fazer uma distinção rigorosa entre a actividade consciente de supervisionar o candidato a analista e a de analisá-lo. Se começa a analisá-lo quando é suposto estar a supervisioná-lo, está a privá-lo da sua supervisão. Está também a interferir com a sua análise e com o seu analista» (188).

Tendo presente esta ressalva, Bion considera «que há um lugar para encontros e discussões *sobre* psicanálise desde que não sejamos induzidos no erro de pensar que *são* análise» (189), e acrescenta que «desse modo uma pessoa pode aumentar a pequena quantidade de experiência directa» (189). Esta última observação revela que a função formativa (que atrás referimos caracterizar a supervisão) se estende ao próprio supervisor.

Além da transcrição da supervisão atrás referida, temos também a transcrição de outra supervisão de um caso em que a paciente apresenta queixas sugestivas de uma anorexia: «apesar de ter um corpo formoso, queria ser mais magra» e «só pode comer um ovo ou uma pequena porção de peixe e tem a sensação que o seu estômago está insuportavelmente cheio» (Bion, 1992, 164). O caso não é, porém, caracterizado como de anorexia. Trata-se também de uma supervisão feita em São Paulo.

Passamos agora a estudar as principais teses que Bion formula na sua entrevista, tendo em vista o modo como se enquadram no pensamento de Bion.

Distinguimos, sem procurar reproduzir a ordem em que são formuladas na supervisão, as teses relacionadas com a técnica analítica, das teses relativas ao funcionamento mental da analisanda.

2.2 – 1.ª TESE: «A memória não faz sentido»

A primeira tese (Bion, 1988, 4) anuncia um dos «obstáculos que intervêm entre o psicanalista e a experiência emocional da sessão». Esse obstáculo é a memória. Num texto especialmente significativo sobre esta tese, «Notas sobre a Memória e o Desejo» de 1967, Bion mostra que não é possível separar a memória do desejo. Com efeito, diz Bion que 'memória' é o tempo passado de 'desejo', sendo 'antecipação' seu tempo futuro» (ibidem 33).

Para entendimento deste ponto é importante descrever a teoria de Bion sobre o objecto da entrevista clínica. Em cada momento da análise processa-se, segundo Bion, uma «evolução» única que importa apreender na sua singularidade. Ela é o que Bion chama «o desconhecido». Nas suas palavras, «o único elemento de importância em qualquer sessão é o desconhecido. Não se deve permitir o que quer que seja que distraia de intuí-lo» (ibidem 31).

Bion refere em apoio da sua tese uma carta de Freud a Lou Andreas-Salomé de 25 de Maio de 1916: «sei que me ceguei artificialmente em meu trabalho a fim de concentrar toda a luz sobre a passagem escura». Bion desenvolve esta ideia dizendo: «Em qualquer sessão ocorre uma evolução. A partir do escuro e do informe algo evolui». (ibidem 31). Trata-se de «construir uma técnica psicanalítica sobre a base firme do intuir a evolução» (ibidem 32). A realidade que evolui em cada sessão é descrita, nestas «Notas sobre a Memória e Desejo», de uma maneira muito genérica como «a realidade psíquica» ou «o mundo do psicanalista», nos seguintes termos: «A observação psicanalítica não concerne nem ao que ocorreu nem ao que vai ocorrer, mas ao que está ocorrendo. Além disso, ela não diz respeito a impressões dos sentidos ou aos objectos dos sentidos. Todo o psicanalista conhece a depressão, a ansiedade, o medo e os outros aspectos da realidade psíquica, quer estes aspectos tenham sido ou possam ser nomeados com êxito ou não. Estes constituem o verdadeiro mundo do psicanalista. Ele não tem dúvida da sua realidade. Ainda que a ansiedade, para tomar um exemplo, não tenha forma, cheiro ou gosto; o conhecimento dos acompanhamentos sensórios da experiência emocional são um obstáculo para a intuição da realidade com a qual o psicanalista deve estar em uníssono» (ibidem 30).

Nesta passagem, a realidade psíquica que é o objecto da psi—canálise é descrita na linguagem vulgar e não através de categorias analíticas como Bion tinha feito nos *Elementos em Psicanálise* (1963).

Também não é necessário aqui aprofundar o que entende Bion por «intuição da realidade com a qual o psicanalista deve estar em uníssono». Bastará para explicar a referência de Bion, ao citar a carta de Freud a Lou Andreas-Salomé, que, para ele, o analista deverá intuir a evolução da realidade psíquica que se processa na sessão de análise, concentrando-se no desconhecido ou incoerente dessa realidade até emergir um padrão de coerência.

Ora a eliminação da memória – e também do desejo e da compreensão – corresponde em Bion à cegueira artificial de que fala Freud e que permite a concentração da luz no ponto escuro.

São várias as razões que Bion dá para a supressão da memória. Em primeiro lugar, diz Bion que a memória, tal como o desejo, está «predominantemente relacionada» (ibidem 32) com a experiência dos sentidos. «Memória e desejo», diz Bion, «exercitam e intensificam aqueles aspectos da mente que derivam da experiência sensória» (ibidem 30; ver também Bion 1991, 41). Têm portanto um objecto diferente do objecto psicanalítico. Assim sendo, parece menos relevante a observação de Bion de que «a memória é sempre enganosa enquanto registo dos factos, uma vez que é distorcida pela influência das forças inconscientes» (ibidem 30). Na verdade, os factos ou acontecimentos que são objecto da «memória» como Bion a entende, são realidades de género diferente da realidade que é o objecto psicanalítico.

Por outro lado, mesmo abstraindo da diferença de objecto e das distorções desse conhecimento, o conhecido pela memória é irrelevante para o objecto da psicanálise. Segundo Bion: «o que se 'conhece' sobre o paciente não tem maior importância, é falso ou irrelevante. Se é 'conhecido' pelo paciente e pelo analista, é obsoleto. Se é 'conhecido' por um mas não pelo outro, uma defesa ou um elemento de categoria 2 da grade está operando» (ibidem 31).

O que se diz da «memória» vale para o desejo, e especialmente para o tempo futuro do desejo que é a «antecipação». Diz Bion que «memória» é o tempo passado de «desejo», sendo «antecipação» o seu tempo futuro. Também aqui, diz Bion, que «os desejos distorcem o julgamento através da selecção e supressão do material a ser julgado» (ibidem 30). Mas esta observação, tal como a anterior sobre a distorção da memória por forças inconscientes, é pouco relevante devido à diferença do objecto. Essencial é que tanto a memória como o desejo distraem da intuição do desconhecido.

Compreendem-se assim as duas regras que Bion formula para cada sessão:

«1 Memória: não se recorde de sessões passadas....

2 Desejos: o psicanalista pode começar por evitar quaisquer desejos de aproximação do final da sessão (ou da semana, ou do semestre). Não se deve permitir que desejos de resultados, de 'cura' ou mesmo de compreensão proliferem» (ibidem 31).

Este último ponto refere-se à eliminação da «compreensão» como terceiro obstáculo que intervém entre o psicanalista e a experiência emocional da sessão, posteriormente autonomizado por Bion e a que se refere a segunda tese.

2.3 – 2.ª TESE: «O modelo médico encobre mais do que revela»

Na supervisão que estamos a analisar (Bion, 1988, 4), Bion ocupou-se do valor dos modelos médicos com que lhe foi inicialmente introduzido o caso. Foi-lhe dito que se tratava de um caso de anorexia nervosa e a paciente estava caquética quando veio para a análise.

Bion começou precisamente por fazer notar que a utilização de tais modelos é «uma das dificuldades com a análise. É bastante conveniente que exista toda uma variedade de modelos médicos como: doença, cura, etc, mas uma questão surge: eles encobrem *(hide)* mais do que revelam *(tell)*, ou eles revelam mais do que encobrem?» (Bion, 1988, 4).

Bion comenta: «neste ponto eu sinto que eu gostaria de esquecer doentes e doença – de facto isto tipifica esta espécie de coisa, que me leva a pensar que memória, mesmo a memória de outras pessoas não faz sentido. Por exemplo: eu estou certo de ter tido uma impressão de doença, caquexia etc., assim, perde-se a captação para o facto de que esta paciente pode também ser descrita como uma atleta (Bion, 1988, 4).

Abstraindo desta última referência ao caso concreto e concentrando-nos na dificuldade metódica que o modelo médico traz para a análise, é claro que Bion considera o modelo médico como um exemplo da compreensão que tal como a memória e o desejo, importa eliminar na mente do analista.

Os modelos médicos, como «anorexia nervosa» ou «caquexia», podem ser referidos como «memória de outras pessoas», diz Bion, como formas de compreensão. Criam dificuldades à análise na medida em que tendem a impedir a intuição do desconhecido objecto psicanalítico. Como diz Bion na supervisão: «uma dificuldade adicional que nós psicanalistas temos, é a de ir além destes diagnósticos psiquiátricos. Um psiquiatra poderá ficar satisfeito com o diagnóstico de anorexia nervosa: 'leve-a para um hospital, despache-a *(send off)* para algum lugar'. Mas para onde eles vão é para um psicanalista. Nós somos as pessoas apropriadas para lidar com tais casos, e aí então você vê que a anorexia nervosa foi-se. E o que tomou o seu lugar foi alguma coisa muito complexa» (Bion, 1988, 5).

Os modelos médicos, incluindo os psiquiátricos, apelam a aspectos observáveis pelos sentidos e não à realidade psíquica, que é o objecto da psicanálise, como escreveu Bion: «Desejo, memória, compreensão fundam-se em experiência sensível, expressam-se em termos cuja base precisamente é essa e se destinam a uso àquela relativo. Contaminam-se de idêntica falha por serem enunciados sobre base de realidade inanimada apesar de se aplicarem à realidade biológica. A ansiedade, depressão, perseguição não são sensíveis (embora o uso comum sancione o emprego analógico do termo «sensível» em contexto que não lhe é adequado)» (Bion, 1991, 57-58).

A partir daqui, Bion chega a uma caracterização geral da diferença entre a medicina física e a psicanálise: «o que, de modo claro, revela a diferença, é depender o médico da realização de experiência sensível, em confronto com a do psicanalista, que se baseia em experiência supra–sensível. O médico olha e apalpa e cheira. O psicanalista não olha ou apalpa as realizações; a ansiedade não tem forma, cor, cheiro ou som. Para facilitar, proponho na área do psicanalista, o emprego do verbo 'intuir' como equivalendo a 'olhar', 'apalpar', 'cheirar' e 'auscultar', na do médico» (ibidem, 17).

2.4 – 3.ª TESE: «Esperamos que o facto de que o analista pode estar em companhia mental da paciente, possa ajudá-la a crescer e desenvolver»

Esta tese de Bion (1988, 8) surge num dos momentos da supervisão em que Bion demonstra exemplarmente qual deve ser o comportamento psíquico do analista, quando procura intuir a evolução da realidade psíquica do paciente, durante a sessão. É claro que na supervisão essa realidade não se manifesta directamente através dos relatos do paciente, mas através da memória do apresentador. Mas, apesar deste *handicap*, Bion procura ainda na supervisão colocar-se na posição do analista (quando diz por exemplo «o problema que surge é: o que iremos dizer para esta paciente?»).

As observações de Bion a este respeito na supervisão não têm carácter sistemático. Bion nota, por exemplo, que se trata de uma «experiência emocional difícil» e que não se reconduz às regras lógicas e gramaticais com que se conversa e pensa socialmente. Assim, embora reconheça que «verbalmente, nós temos que utilizar linguagem articulada, com regras gramaticais comuns, e com regras aceitáveis para conversar e pensar, etc.» (ibidem, 4), Bion constata que a experiência emocional segue outras regras. Assim, o que «toma um tempo enorme para dizer – não toma quase nenhum tempo para ser pensado». Bion esclarece que «estava apenas pensando em voz alta», falando de um «tipo de ideia que está crescendo» na sua mente e da necessidade de «permitirmos que a nossa imaginação visual, pictória, flua» (ibidem).

O produto dessa imaginação pictórica é então expresso pelo seguinte pensamento em voz alta: «O analista em poucas palavras: anorexia nervosa... ritual... estes movimentos dançantes dos pés... e aparece de uma vez – um filme *(picture)* mental. Notem que eu não posso afirmá-lo, porque eu simplesmente não sei. É apenas um filme *(picture)* que foi estimulado *(stir up)* na minha mente, talvez erradamente». (ibidem). Mas entende que a preocupação de estar certo ou errado não deve refrear o modo como o analista pensa a experiência emocional. Assim, diz que «o psicanalista tem de ser capaz de ousar ser um mau analista» (ibidem, 5).

O enquadramento teórico destas observações dispersas não pode deixar de nos reconduzir às «Recomendações aos Médicos que Exercem a Psicanálise» de Freud (ESB, XII, 147 e ss). Trata-se de «criar, para o médico, uma contrapartida à 'regra fundamental da psicanálise' estabelecida para o paciente. Assim como o paciente deve relatar tudo o que a sua auto-observação possa detectar, e impedir todas as objecções lógicas e afectivas que procuram induzi-lo a fazer uma selecção dentre elas, também o médico deve colocar-se em posição de fazer uso de tudo o que lhe é dito para fins de interpretação e identificar o material inconsciente oculto, sem substituir sua própria censura pela selecção de que o paciente abriu mão. Para melhor formulá-lo: ele deve voltar seu próprio inconsciente, como um órgão receptor, na direcção do inconsciente transmissor do paciente. Deve ajustar-se ao paciente como um receptor telefónico se ajusta ao microfone transmissor. Assim como o receptor transforma de novo em ondas sonoras as oscilações eléctricas na linha telefónica, que foram criadas por ondas sonoras, da mesma maneira o inconsciente do médico é capaz, a partir dos derivados do inconsciente que lhe são comunicados, de reconstruir esse inconsciente, que determinou as associações livres do paciente» (ibidem, 154).

Chegamos assim à teoria do *at-one-ment* – da «comunhão» na terminologia de Amaral Dias – que atrás expusemos (ver secção 1.3)

Na supervisão, Bion emprega antes a expressão «companhia mental», mas não há diferença significativa. A companhia mental é possível precisamente pelo processo, atrás descrito por Freud, de «ajustamento» entre a transmissão feita pelo paciente e a recepção da mesma feita pelo analista. Embora Bion não tenha expressamente evocado Freud a este propósito como o fez quando referiu a carta a Lou Salomé a propósito da «cegueira» artificial do analista, tudo indica que Bion é aqui fielmente freudiano. Acentua como Freud a necessidade de o analista se ter previamente analisado (como diz na conferência «Seminário Clínico» proferida a 30 de Julho de 1968 em Buenos Aires e republicada por David Zimerman (1995, 251--252)).

A exposição mais desenvolvida de Bion sobre a posição do analista durante a análise encontra-se na sua conferência de Buenos Aires (1968), atrás referida. Aí Bion revela-se um discípulo da sua analista Melanie Klein.

Melanie Klein descreveu e estudou pormenorizadamente a passagem da criança, ao longo do seu primeiro ano de idade, de uma fase esquizo-paranóide para uma fase depressiva. A primeira caracteriza-se por uma clivagem *(splitting)*, quer da vida pulsional (líbido e agressividade) quer do seu objecto (tipicamente o seio materno), clivado em bom e mau, não só na medida em que consola ou frustra, mas também na medida em que a criança projecta nele o seu amor ou o seu ódio. O Ego «muito pouco integrado» defende-se da angústia persecutória causada pelo mau objecto através da clivagem, da idealização do bom objecto, da recusa da realidade do mau objecto e do controlo omnipotente do objecto. Na passagem para a fase depressiva a criança inibe gradualmente a agressividade, prevalecendo a líbido sobre a agressividade e o sadismo (vitória das pulsões de vida sobre as pulsões de morte). A pessoa total da mãe é apercebida e tomada como objecto pulsional. A ambivalência e a angústia mantêm-se mas mudam de características uma vez que se referem ao objecto total. A angústia depressiva é ultrapassada pela inibição da agressividade e pela reparação do objecto. «Dando assim ao objecto de amor a sua integridade e suprimindo todo o mal que lhe foi feito, a criança garantiria a posse de um objecto plenamente 'bom' e estável, cuja introjecção reforça o seu ego. Os fantasmas de separação têm assim um papel estruturante no desenvolvimento do ego» (Laplanche e Pontalis, 1985, s.v. «posição depressiva» e «posição paranóide»).

Às fases da evolução psíquica da criança correspondem, para Melanie Klein, posições que «ressurgem durante os primeiros anos da infância e posteriormente em determinadas condições» (Klein, 1994, 440). É assim que Melanie Klein utiliza o esquema geral da passagem para a posição depressiva, para sintetizar a sua descrição da análise de Richard iniciada quando este tinha 10 anos. Eis como Melanie Klein explica, em síntese, no seu livro *Narrativa da Análise de uma Criança* (1994): «Na primeira parte deste livro encontramos Richard em constante luta entre os impulsos destrutivos e os amorosos, e presa das ansiedades persecutória e depressiva...Tal situação alterou-se à medida em que foi progredindo a análise. Já tive ocasião de mencionar que sua inveja, ciúme e voracidade que, do meu ponto de vista, são expressão da pulsão de morte diminuíram devido ao facto de gradualmente ter-se tornado mais capaz de enfrentar e de integrar seus impulsos destrutivos. Isso se ligava ao facto de entrar mais em acção a sua capacidade de amar, tornando possível que o ódio fosse mitigado pelo amor. Em consequência, desenvolveu-se uma maior tolerância tanto em relação às limitações das outras pessoas quanto às próprias. Diminuiu o seu sentimento de culpa, que existiu lado a lado com as suas ansiedades persecutórias, o que implicava uma maior capacidade de fazer a reparação. Tornou-se, de facto, capaz de até certo ponto elaborar a posição depressiva» (ibidem, 455-456).

Bion recolhe a teoria kleiniana sobre as posições esquizo-paranóide e depressiva e aplica a teoria à evolução psíquica do próprio analista durante a análise. Apenas sugere a substituição da terminologia, que justifica por dar «como estabelecida – confiante sem exagerar – a sanidade dos analistas» (Bion, 1985, 252). Em vez dos termos «esquizo-paranóide» e «depressivo», aplicáveis ao analisado, propõe para o analista os termos «paciente» e «seguro»: «Utilizo o termo 'paciente', porque, em inglês, significa, ao mesmo tempo, tolerar e sofrer; e o termo 'seguro' tem o duplo significado de estar livre de perigo e preocupação. Creio que se trata mais de piedosas esperanças do que de decisões precisas, mas penso que falar de esquizo--paranóide e depressivo constitui uma descrição mais depressiva do que exacta, de forma que prefiro inventar estes dois outros termos» (ibidem, 252-253). Há, porém, que acentuar que a mudança de terminologia não é uma mudança de conteúdos. Com efeito, é patente no mesmo texto que a mudança de terminologia é apenas uma nova cosmética. Bion volta de novo à terminologia kleiniana. Assim continua, no já referido seminário clínico: «quanto mais avançamos no objectivo de nos convertermos em psicanalistas, mais nos aproximamos de substituir o próprio analista pelo paciente. Não quero dizer com isso que somos analisados pelo paciente. Isto pode acontecer, mas só constitui parte do material para as interpretações. Quero dizer, isto sim, que em nosso trabalho os pacientes ocupam agora uma posição de grande importância, de tão grande importância que exercem um efeito sobre nossa vida emocional que não é completamente diferente da que exerce sobre ela o nosso próprio analista. Existem certas semelhanças, uma das quais consiste em que, se vocês conseguirem seguir a direcção que sugiro aqui, posso lhes prometer toda uma vida de sentimentos de perseguição ou de depressão». (ibidem, 254)

Precisado assim o conteúdo da «companhia mental» de que o analista é capaz, segundo Bion, e que pode ajudar o paciente a desenvolver-se, verificamos que este desenvolvimento é a evolução da posição esquizo-paranóide para a posição depressiva e que a «companhia mental» por parte do analista é uma evolução paralela da posição 'paciente' para uma posição 'segura' ou 'depressiva'. Note-se que, em vez de 'posição paciente', talvez fosse mais exacto chamar--lhe 'impaciente', uma vez que se caracteriza por um sentimento de impaciência ou de perseguição. Nas palavras de Bion, «este sentimento de impaciência, como diria, para ser elegante, e de perseguição, para ser um pouco mais directo» (ibidem, 254).

2.5 – 4.ª TESE: «O problema imediato sem dúvida é: o que irá o analista dizer para esta paciente»

Esta tese é afirmada por Bion (1988, 6) várias vezes na supervisão em referência. Bion diz «que todo o analista que está atendendo um paciente, está realmente lidando com vastos problemas... tudo que ele pode fazer é dizer uma coisa ou outra para o seu paciente». Do ponto de vista da supervisão, que é o de Bion, trata-se para ele «do que sugerir ao analista dizer para ela». Um pouco antes tinha falado Bion em aproximar-se «do ponto de nos ser possível sugerir para o analista do que ele deve dizer ou fazer em relação a esta paciente» (ibidem, 6). No fim da entrevista Bion volta a falar do seu problema como supervisor de propor «o que irá o analista dizer para ela» (ibidem, 7-8) e termina efectivamente a supervisão com uma sugestão (a palavra inglesa é «guess», que foi traduzida por «opinião», mas quer antes dizer «tentativa de resposta» ou «resposta que se arrisca»). A sugestão que Bion dá ao analista para dizer à paciente é, no caso, «você teme um desastre iminente, seja o que for que você faça» (ibidem).

Abstraindo agora o conteúdo da interpretação que Bion dá a esta frase e que trataremos adiante em conjugação com as teses sobre a vida psíquica, vemos que dá uma resposta que caracteriza duplamente. Por um lado, «o analista e a paciente só podem falar a linguagem conversacional comum» (ibidem, 6 e 8); por outro lado, para além do conteúdo expresso, a frase tem, segundo Bion, uma intenção pragmática que é provocar na paciente o sentimento de que o analista está em sua companhia. Nas palavras de Bion, «pelo menos você dá a impressão para a paciente de que você tem alguma ideia do que é esta situação. Assim, ela não se sentirá inteiramente só. Não é uma questão de fazer alguma coisa, é mais uma questão de ser alguma coisa – é ser uma pessoa, que não está com medo de prosseguir junto com ela» (ibidem, 8). Neste contexto, Bion tem em vista não apenas a correcção da interpretação, mas, para lá disso, «a coisa que mais seria útil» à paciente. A utilidade que Bion tem aqui em vista é, bem entendido, a utilidade específica da análise: «esperamos que o facto de o analista poder estar em companhia mental da paciente, possa ajudá-la a ousar, ... a desenvolver-se» (ibidem, 8).

2.6 – 5.ª TESE: «Nós estamos em uma posição singular – se não formos nós, não será ninguém mais»

Esta tese de Bion (1988, 7) integra-se num conjunto de afirmações de Bion sobre a importância, a dificuldade e o carácter único da psicanálise. Assim lemos, por exemplo: «todo o analista que está atendendo um paciente, está realmente lidando com vastos problemas... os problemas envolvidos são terríveis» (ibidem).

Bion sente que «vale a pena considerar a vastidão dos problemas que nos estão sendo aqui propostos. De facto, tudo o que você necessita é ter uma paciente como esta e... o futuro da psicanálise no Brasil está em jogo. A psicanálise no mundo está em jogo» (ibidem, 6). Estas afirmações são manifestamente exageradas, como o próprio Bion reconhece no fim da entrevista: «não é desejável que se dê a si mesmo uma importância exagerada» (ibidem, 8).

Bion dá-nos, contudo, algumas pistas para entendermos as razões desta sua sobrevalorização da psicanálise. A primeira é a que se exprime na própria tese atrás referida. As exigências metódicas já referidas, tais como a eliminação da memória, do desejo e do conhecimento tornam cada sessão de análise uma tentativa sem precedente e sem continuação de descobrir o desconhecido, de pôr coerência no que inicialmente se apresenta, quer ao paciente, quer ao analista, como não relacionado, incompreensível, incoerente. Há, portanto, um aspecto criativo em cada sessão, que é também criativo de psicanálise.

Diz Bion «[...] na prática da psicanálise, o paciente fará um enunciado. Uma parte dele consiste naquilo, que o paciente já sabe; a outra parte é a tentativa de formular o problema para o qual ele procura ajuda» (Bion, 1973, 35).

Outra chave importante da sessão é dada por Bion, quando nos diz que o género de problemas que se trata na psicanálise excede a capacidade de resolução de uma só pessoa, exige a colaboração mútua do psicanalista e do paciente: «porque eu penso que estes problemas são muito grandes para uma só pessoa lidar com eles» (8).

2.7 – 6.ª TESE: «No consultório existem três pessoas: o analista que está completamente consciente, e que continua consciente, o paciente e o inconsciente do paciente. Bem, nós podemos tentar dizer a ela alguma coisa, na esperança de que ela possa passar isto para o seu inconsciente»

Esta tese de Bion (1988, 6) é interessante na medida em que se insere num teoria da entrevista clínica. Com efeito, Bion não pretende tomar uma posição perante a primeira tópica freudiana. É certo que o inconsciente é referido como substantivo (o inconsciente), isto é, como sistema do paciente e não como adjectivo. Mas o contexto em que se insere a tese de Bion é de explicar a dificuldade que resulta de, na psicanálise, apenas ser possível a linguagem comum entre o consciente do psicanalista e o consciente do paciente e, ao mesmo tempo, se ter em vista comunicar alguma coisa que o psicanalista torna consciente para o paciente ao próprio inconsciente do paciente.

A questão de saber se a parte consciente do paciente pode falar com a sua parte inconsciente é equiparada por Bion à questão de saber se pode «a pessoa sana falar com a pessoa insana» (ibidem). Bion retoma aqui o pensamento que já tinha exposto nos *second thoughts* sobre a relação entre a parte psicótica e a parte não psicótica da personalidade. Bion considera manifestamente as duas partes como sistemas de uma tópica, porque emprega alternativamente as expressões personalidade psicótica e personalidade não psicótica. Num caso que toma como exemplo «a personalidade psicótica e os problemas próprios da mesma obscureciam a personalidade não psicótica e os problemas inirentes a esta... A personalidade não psicótica se voltava para um problema neurótico, isto é, um problema centrado na resolução de um conflito de ideias e emoções originado pelo funcionamento do ego. Mas a personalidade psicótica se preocupava com o problema da restauração do ego, e a indicação disso estava no medo de ter perdido a visão» (Bion, 1988b, 55).

A dificuldade da comunicação, explica Bion na mesma obra, resulta da «hostilidade do paciente psicótico em relação ao aparelho mental – seu ou alheio – que o coloca em contacto com a realidade deve ser comparada com a sua atitude frente à realidade psíquica. Ele dá a impressão de estar especialmente cônscio da realidade psíquica e perseguido por esta» (ibidem, 137). O problema, segundo Bion, «está vinculado à predominância do princípio do prazer-dor, como era de esperar, mas atinge a sua singular qualidade porque o princípio do prazer-dor hegemónico tem de funcionar no âmbito do prazer e dor endopsíquicos» (ibidem). Bion considera que o problema que persegue o paciente, causando-lhe sofrimento, é sentido pelo paciente desde que é causado, isto é, desde a primeira infância: «desde o início da vida o paciente sente que o seu mundo mental requer especial atenção» (ibidem). Tudo se passa, diz Bion «como se o analisando sentisse que lhe era exigido lidar com o tipo de problema para o qual agora sabemos se necessita da psicanálise, e isso numa época em que só se podia esperar que, quando muito, lidasse com a fome física, e de mais a mais em colaboração com a mãe» (ibidem, 137).

No entanto, é importante acentuar que, na supervisão sobre o caso de anorexia, Bion (1988), em vez de falar de partes não psicótica e psicótica, fala de partes sã e insana, o que talvez se possa interpretar como indicação de que se trata de um esquema mais geral da análise que não se restringe aos casos de psicose. Seria excessivo querer retirar daqui uma tomada de posição no sentido de que a anorética supervisionada por Bion não fosse psicótica.

2.8 – 7.ª TESE: «Quando esta paciente vem ao analista ... existem três pessoas lá: ... o analista, a pessoa adulta e um bebé muito prematuro e muito precoce»

Bion (1988, 7) esclarece noutra passagem que está «falando de um recém-nascido ou mesmo de um feto que ainda não nasceu» (1988, 4). Bion usa estas palavras para descrever uma situação de conflito ou luta entre nascimento e não nascimento: «como uma criança que se não nascesse logo, pereceria» (ibidem). Trata-se aqui de uma teoria que Bion várias vezes retomou nas suas conferências na fase final da sua vida, especialmente nas suas Conferências Brasileiras (Zimerman op. cit., 133 ss), mas à qual atribuiu um estatuto científico hipotético. Com efeito, esclarece: «um filme *(picture)* pré--natal», que é a linguagem que usa para referir o que o analista pensa em atitude de atenção flutuante: 'um filme *(picture)* que foi estimulado *(stir up)* na minha mente'». E acrescenta: «Isto seria uma inverdade se estivéssemos falando a respeito de anatomia ou fisiologia, mas a mente é uma matéria diferente. É com isto que nós estamos envolvidos *(concerned)*». (Bion, op. cit., 4).

2.9 – 8.ª TESE: «Uma luta está sendo travada entre o que poderíamos chamar de sanidade e insanidade, nascimento e não-nascimento, comer ou morrer de fome, raquitismo e atletismo, ser mentalmente activo ou mentalmente morto»

Bion (1988, 4) fala neste contexto da complexidade de «dizer, na mesma imagem *(picture)*, exactamente o oposto». Não se trata, porém, de uma posição apenas pensada. O negativo existe na realidade como uma luta que Bion descreve a vários passos da supervisão: «Todo homem gordo tem um homem magro dentro, tentando lutar para escapar. Mas eu poderia dizer também o oposto: Todo o homem magro, tem um gordo dentro, lutando para nascer. Todo o raquítico tem, dentro de si, um atleta lutando para se libertar, que encobre sua fragilidade... Todo o atleta tem dentro um esperando para se deitar e morrer» (ibidem, 4).

Bion retoma aqui a problemática psicanalítica do negativo. Ora há dois «registos» (Amaral Dias, 1999, 64) ou sentidos do negativo. Num primeiro sentido, pode dizer-se que a Psicanálise é uma ciência do negativo na medida em que faz uma hermenêutica da negação que se exprime através do recalcamento e da formação reactiva e que se descobre através do acto falhado e do sonho, que são espécies de comunicação negativa. Noutro sentido, a psicanálise é uma ciência do negativo na medida em que é uma ciência do desamparo como «condição constitutiva da espécie» (Amaral Dias, op. cit. 73), da pulsão de morte, da «verdade insuportável» (ibidem), que o narcisismo sistematicamente desmente «sob a forma do desmentido do real, do desmentido da diferença e do desmentido do desamparo» (Amaral Dias, op. cit. 65).

É deste real-negativo que fala Bion, quando fala de uma luta entre opostos. O «desenvolvimento» que Bion espera que o paciente seja capaz de fazer com a «companhia» do psicanalista – Amaral Dias falaria aqui de «crescimento» e «comunhão» – não se fará pelo desmentido do real–negativo, mas pela capacidade de o pensar. Mas esta capacidade de pensar o real–negativo não se alcança, por sua vez, sem luta. É o que Bion diz na sua última tese desta supervisão.

2.10 – 9.ª TESE: «Este é o problema da pessoa sábia ou inteligente, que não ousa se tornar livre, e que não ousa, por outro lado, prosseguir encapsulada»

Bion (1988, 7) chega a esta tese através da interpretação de duas observações que são transmitidas pelo analista apresentador. Segundo a primeira, a paciente iniciou a sessão com um ritual demorado que incluiu acender um cigarro e depois deitar-se no divã olhando intensivamente para o analista. O que fere aqui a atenção de Bion é que «ela não engole o analista, ela não queima o analista, ela acende o cigarro. Ela não usa o canal alimentar, mas ela usa o seu aparelho ocular... Em inglês nós temos a expressão: 'devorar algo com os olhos' ... Vocês têm a expressão 'curiosidade devoradora?'. Esta paciente tem que se haver com uma curiosidade que é tão voraz, tão devoradora, que está com medo do que ela aprenderá, se ela se permitir ser curiosa» (ibidem, 4-5).

A segunda observação do apresentador que Bion interpreta é a afirmação da paciente de que «tinha uma percepção muito clara de que vive numa prisão» (ibidem, 7). Comenta Bion: «se ela sente que ela pode desenvolver-se – aquilo que nós chamamos de desenvolvimento – ela pode ficar com medo que toda uma estrutura disciplinar... exploda ... de outro lado, se ela não explodir, ela então ficará assim: com nada, a não ser ruínas *(decay)* mentais em sua frente» (ibidem).

Temos assim que o desenvolvimento só surgirá como resultado de uma luta interior em que a paciente se tornará capaz de pensar o real-negativo de que Bion falou na sua tese antecedente.

CAPÍTULO III

CASOS CLÍNICOS

Os casos clínicos que vou apresentar e comentar teoricamente são de jovens anoréticas seguidas por mim em psicoterapia.

1. PRIMEIRO CASO: A MATILDE

> «A saudade da infância, de que não tenho saudades»
>
> Bernardo Soares

1.1. O desdobramento de espelhos

A Matilde, quando me procurou há seis anos tinha 23 anos e era estudante do 11.º ano.

Recordo sobretudo o seu ar assustado que ainda hoje mantém, contrastante com o seu desejo e a sua procura da verdade, da sua verdade. Recordo ainda, o seu falar ininterrupto, que me fazia rir quando no fim das sessões a Matilde constatava ter falado tanto que não dava tempo para eu falar, propondo-se da próxima vez trazer tópicos e resumos do que tinha para me dizer.

A Matilde não tem um ar frágil fisicamente, mas parece envolta por um sopro de desespero e tristeza.

Foi-me enviada pela Endocrinologista que a seguia há alguns anos e que, na sequência de uma tentativa de suicídio a que se seguiram permanentes ataques de pânico, recomendou um acompanhamento psicoterapêutico.

Nas primeiras sessões, a Matilde fala-me do seu receio em estar ali, de como está «traumatizada» porque, quando começou a anorexia, o médico mandou-a a um Psiquiatra e este dissera-lhe coisas que a deixaram tão escandalizada, que ela até tem vergonha de me contar.

Escolhe contar-me, um pouco confusamente, a primeira crise de pânico que teve «naquela noite em que eu tinha bebido um bocado e tomei muitos Prozacs e, é horrível dizer, mas foi só para chamar a atenção, eu achava que me salvavam a tempo, e então estava com muito medo de adormecer e, afinal, ninguém me salvava e então queria ter os olhos abertos e comecei a ter taquicárdia, a sentir uma coisa na garganta e a ter falta de ar, e ainda hoje não sei se foi desencadeado pelo Prozac porque diz lá taquicárdia, tremores, ou se foi já um ataque de pânico».

Comento que «não se deve brincar com o fogo». Mas a Matilde está seriamente preocupada e continua o seu relato.

«Depois fui para São José e a médica queria dar-me um remédio para adormecer e eu ainda fiquei mais aflita, porque eu estava a fazer um esforço para não fechar os olhos, e disse que não queria», então ela respondeu 'se não quer é porque não está muito mal, isso já passa'».

«Estava a tremer e fui para casa, passadas três horas tive outro ataque, depois outro e foi então que liguei para a minha médica e ela ajudou-me a procurar a Doutora.

Quando eu conheci a Doutora houve uma altura em que os ataques passaram e eu pensei que finalmente estava livre e que era só quando estava fragilizada que tinha um ataque, muito raramente, e agora aconteceu outra vez, até estava acompanhada e tinha corrido tudo bem».

Depois destas considerações à volta das primeiras crises de pânico, a Matilde volta ao problema inicial. Fala-me da crise de pânico que teve durante esta semana, um dia em que foi jantar com o namorado, o Pedro. Lembra-se que estava na casa de banho, começou a pensar que ia fazer amor com o Pedro e a forma que arranjou de não fazer amor foi ter a crise de pânico. Nas palavras da Matilde, «não queria por causa do meu peito, eu sei que tive o ataque de pânico para não acontecer nada, eu já disse muitas vezes que gostava de ter o corpo que tinha na minha adolescência antes da anorexia, agora acho que tenho o peito pequeno e mole e eu sei que o Pedro repara porque quando estamos a ver um filme ele por vezes diz – «que peito bonito tem esta actriz».

Eu tento rectificar o seu discurso, lembrando-lhe que normalmente são os «duplos» que fazem essas cenas, mas ela responde-me com justiça: «mas há alguém que tem esse corpo».

E continua «o Pedro pensa que eu tenho o peito assim, porque ainda estou magra, é por isso que eu também não como muito, porque se não, posso estragar essa expectativa dele, já perguntei à minha médica se me podia arranjar um remédio para crescer o peito e não ficar mole, e ela disse (eu sei que foi para eu não ficar triste, para me agradar) que eu não precisava, mas isto passou a ser mesmo uma obsessão, estou sempre a olhar para o corpo da minha irmã, mas é tanto que eu às vezes tenho medo onde isto me possa levar. E ela até diz «porque é que estás a olhar para mim?, não olhes tanto para mim!». Se eu resolvesse este problema do peito as coisas podiam melhorar, tudo isto faz com que, às vezes, eu não esteja à vontade com o Pedro».

Finalizo a sessão, dizendo: «parece-me que a Matilde tem a sua vida envolvida numa luta incessante para ter um corpo como imagina que deveria ser, mas essa luta não terminou seja na relação com o Pedro, seja na relação com a sua irmã».

Apesar de todas as dificuldades inerentes ao funcionamento mental da Matilde, foi este intrínseco amor à verdade que se denota no decorrer desta sessão, que sempre me motivou neste acompanhamento psicoterapêutico.

No sentido de facilitar a exposição deste caso, apresento alguns dados da Matilde, tendo, no entanto, bem presente que, como diz

Amaral Dias, «dos factos não reza a história», ou seja, os factos mentais não são factos cronológicos.

A Matilde nasceu numa pequena aldeia perto do Porto, a sua família é desumanamente pobre e é com muita vergonha que me conta que quando era pequena na escola e na aldeia era conhecida pela «filha do bêbado». Tanto o pai como a mãe estavam frequentemente desempregados e eram os avós paternos que de vez em quando ajudavam economicamente.

A Matilde tem uma irmã mais nova, a Patrícia, que nasce quando a Matilde tem doze anos. Aos quinze e na sequência de ter reprovado no liceu, sentindo-se culpada pelo esforço que a mãe fazia para ela poder estudar, resolve vir no Verão para Lisboa trabalhar como *baby-sitter*, com o intuito de repor e compensar o dinheiro que a mãe tinha gasto na sua escolaridade; mas qual não é o espanto da Matilde quando acaba o Verão e após escrever e telefonar, ninguém a vem buscar, todos (mãe e tios) achavam que está melhor em Lisboa que ao pé do pai bêbedo.

É já na casa onde vive actualmente e em que trabalha como «girl au pair» de um casal de velhotes que nunca tiveram filhos, que a Matilde adoece com a anorexia nervosa.

Ao longo da sessão o que é insuportável e intolerável não é nenhum aspecto da sexualidade em si mesmo. Penso que o que a Matilde teme é a quebra da idealização, ou seja, ela está a falar da questão narcísica da imagem do corpo, a fantasia de um corpo perfeito, um corpo ideal.

Assim a Matilde não pode expor a sua ferida narcísica, «o peito mole», ela quer um corpo que só se pode mostrar num nível idealizante, mostrando que a mente dela ainda é sustentada pela luta pelo perfeccionismo da imagem do corpo. Subjacente ao funcionamento anoréxico temos, como pano de fundo a fantasia de um corpo perfeito, de um corpo ideal.

Aliás, se repararmos bem, o que ela teme é a quebra desta idealização. A crise de pânico resulta de ao entrar em contacto com esse aspecto, lhe ser intolerável a dor psíquica de quebrar o espelho.

Mas o enunciado falso é perfeito e ela nem sequer pode engordar, porque se ela engordasse e chegasse ao tal corpo, este corpo mostraria a sua imperfeição e então a Matilde decepcionaria o Pedro, ou melhor decepcionava-se a ela própria, perante o espelho imaginário que é ela mesma.

Ao longo de toda a sessão é este desdobramento de espelhos em que a Matilde vive suspensa – o espelho irmã, o espelho Pedro, o espelho actriz de cinema – que nos reenvia para o problema central da paciente, a sua relação com o objecto ideal, ou melhor, ela própria ser o objecto ideal.

Objecto ideal, esse sim digno da admiração e do amor dos outros, apesar de não haver outro algum, há apenas a Matilde num mundo de espelhos. E quando a Matilde fica só com o Pedro num mundo de espelhos não é o desejo que surge, mas sim a sua imagem narcísica. E como lhe é intolerável entrar em contacto com o quebrar do espelho, surge a crise de pânico.

Ao percorrer a maneira como lida com a imagem do seu corpo, a Matilde apercebe-se que «já tinha problemas antes» e conta uma história muito curiosa: «quando comecei a crescer, a mudar o corpo, lembro-me de ver uma série na televisão que era o *Fame* e de achar que elas tinham um corpo perfeito e pensar que gostava de ter o peito assim mais separado um do outro, achar que o meu era muito junto. E pensava são assim elegantes porque na cidade têm uma alimentação mais correcta, saladas e fruta, aqui na província é só batatas».

Penso que aqui chegamos ao que Bion chamaria a realidade última da paciente (o problema do O); é que face a tanta destruição que a Matilde teve ao longo da vida, ela separou, dividiu e dissociou um aspecto ideal como forma de sobreviver a tanta loucura. É a solução que ela arranja – gerar-se a si própria, e em vez de ser a filha desgraçada de pais desgraçados, ser a filha ideal de pais ideais, através de um corpo ideal. Ao ser ela própria a filha ideal com um corpo ideal, restaura narcisicamente estas imagens parentais internas.

1.2. A identificação secreta à palavra da mãe

Nas sessões seguintes, a Matilde identifica-se às partes doentes da sua mãe:

— «Eu agora gostava era de não ter tantos sintomas, os sintomas à volta dos ataques de pânico. Acho que vou morrer, ainda esta semana estava a sentir uma dor no pulmão e sei que não é nada, penso nas palavras da Doutora Isabel e nas suas e passa a dor. Agora tenho uma dor de cabeça aqui de lado, que não passa com remédios, depois eu deixo andar e acho que vai passar durante a noite, e de manhã acordo e continua, já dura há uma semana».

— E estará relacionado com quê?

— É com a minha mãe, não sei se directa ou indirectamente, mas tenho a certeza que isto tem a ver com a minha mãe, a minha mãe teve dois esgotamentos nervosos, o primeiro eu era pequenina e não me lembro, o segundo eu tinha uns seis anos, ela esteve internada no Hospital do Porto e tudo e depois quando se enervava esta veia aqui de lado inchava, até fazia impressão, às vezes quando ela estava a berrar, eu dizia 'não se enerve, olhe que tem a veia a tremer' e no outro dia, eu estava a falar com o Pedro e enervei-me e ele disse para eu me acalmar, que esta veia aqui estava inchada.

— Eu estava aqui a pensar na questão de ser adolescente ou adulta, que nós falámos na última sessão, é como se a Matilde para ser adulta tivesse de ter as dores de cabeça, a fragilidade da sua mãe.

— Pois é, mas será que tem de ser assim?!

— Era melhor ter só as coisas boas.

Ambas estamos de acordo em investigar a identificação à mãe, parece que a Matilde toma consciência que há uma mãe dentro dela, mas que é uma mãe doente, como se ela se estivesse a identificar às partes doentes da mãe.

— Também tenho tido muitos pesadelos, é só imagens que eu esqueço, quer dizer, quando eu acordo de noite, lembro-me, mas depois de manhã já não me lembro.

— É como se houvesse uma parte da Matilde que não se quisesse lembrar e para isso tudo é possível, até uma dor de cabeça que a impede de pensar.

– É verdade, mas depois passados uns dias tive o mesmo pesadelo e aí é que liguei que era o mesmo, não gosto muito de contar... é com o meu pai, o meu pai estava comigo a tocar-me onde não devia e como se não fossemos pai e filha. Acho que foi, porque, uma vez quando eu tinha uns 12 anos, o meu pai acordou e pediu-me água e quando eu lhe levei a água ele disse «senta aqui ao pé do paizinho» e passou assim a mão no meu peito, eu fiquei muito assustada e fugi para casa da minha avó e contei à minha mãe que na altura trabalhava no mesmo sítio que a minha tia, a irmã do meu pai, e a minha mãe disse 'imagina o que o teu irmão faz', na altura eles já estavam a dar-se mal. A minha mãe dormia na minha cama. Depois a minha tia falou com o meu pai e então ele disse que eu é que era uma maluca, que andava com os rapazes no liceu, que era só um carinho, eu nunca percebi se ele disse aquilo para mentir à família dele ou era mesmo o que ele julgava. A minha mãe é que dizia sempre e também diz à minha irmã «aqui (no peito) não é para mexer».

Prossegue, dizendo-me que tem medo que eu a abandone, porque eu posso ter problemas mais sérios na minha vida: além disso, ela, Matilde, está sempre a contar a mesma coisa, e ela agora tem andado a pensar que gosta de mim como pessoa, não é só como Dr.ª, é parecido a gostar de mim como amiga.

A minha intervenção é no sentido de lhe mostrar que a Matilde teme que eu seja como a mãe dela, demasiadamente ocupada com a angústia dela, demasiadamente ocupada com os problemas dela, demasiadamente ocupada com os conflitos com o pai, e demasiadamente ocupada com a depressão que ela tinha: e a Matilde está a projectar em mim uma mãe terapeuta que também não tinha espaço psíquico, como outrora se tinha passado.

Mais uma vez é de uma forma inteligente que ela correlaciona o abandono com o abandono psíquico, como se dissesse: «não deixe a sua mente ocupada com outra coisa que não seja eu».

Interpreto-lhe que a Matilde se encontra ocupada e invadida por uma mãe que não se ocupava verdadeiramente dela, de tal forma que também me está a confundir a mim, com uma espécie de mãe ocupada por pensamentos e emoções. E assim a Matilde, não está a encontrar um lugar psíquico nem dentro dela para pensar – e, por isso, tem dores de cabeça – nem fora dela (em mim) um lugar para exprimir as suas angústias. Resta-lhe ter as crises de ansiedade, como se houvesse dentro dela qualquer coisa de maligno que ela atribui a tumores e coisas horríveis.

Parece claro, que nesta altura, a natureza do vínculo de que a Matilde está a falar é um vínculo (-L), um vínculo em que eu estou ocupada com alguma coisa, como a mãe.

Sobre o pesadelo que a Matilde traz e porque me parece que era a medo que me contava, eu nada digo, embora pense que quer retomar os aspectos odiosos da sexualidade, quer retomar o *transfert* – «a minha mãe não deu um lugar no meu pensamento à compreeensão do que é que a sexualidade, nem a diferença entre os rapazes e o amor que se tem a um pai ou a carícia de um pai, ou um gesto do pai, tudo isto na minha cabeça é confuso, será que, a minha terapeuta vai ter capacidade para conter estas minhas angústias?»

E a Matilde tem razão, pois qual é a solução para uma angústia impensável? É ser colocada dentro de alguém.

Na sessão seguinte, a Matilde começa por me dizer que o Sr. velhote, dono da casa onde ela vive, até queria falar comigo, porque acha que ela continua na mesma, isto é, continua sem comer e a dormir doze horas e mesmo que durma catorze horas não se consegue «levantar bem».

Depois conta-me um sonho, a que chama «um flash» com a mãe do namorado, «éramos amigas, eu estava a procurar falar do Pedro e ela diz-me 'deixa lá o Pedro, nós somos amigas, temos os nossos assuntos para além do Pedro'».

A Matilde relaciona este sonho com uma conversa que tivera com a mãe do Pedro em que, a propósito de o Pedro ficar na sua casa até às 5 e 6 da manhã, esta lhe dissera «as pessoas devem manter o respeito, eu quando me casei ia virgem, há dignidade e eu não acredito que dois jovens estejam juntos até às 6 da manhã, e não aconteça nada».

– Eu expliquei-lhe que o respeito não tem nada a ver, que estávamos noutro tempo e que era diferente. O Pedro, quando começou a namorar comigo e ficava em minha casa, inventava mentiras à mãe, inventava que tinha ido a uma discoteca e depois não havia transporte ou que ia passar o fim de semana fora. E dizia-me que fazia isto para me proteger, porque a mãe não percebia nada, nem valia a pena tentar explicar. O pai do Pedro não diz nada, mas põe uma cara que também se depreende que não concorda com nada.

Pergunto-lhe o que é que ela, Matilde, pensa sobre o assunto. É curiosa a sua resposta, mostrando que, se é verdade que «palavras leva-as o vento», os sonhos, esses, não os leva o vento.

– No outro dia, ia com o Pedro e vi um vestido de noiva e eu disse «é muito bonito, mas não é branco» e o Pedro respondeu «não faz mal, tu também não és virgem», eu sei que ele não disse por mal, mas para mim, fico logo a pensar.

– Pensar o quê?

– É horrível dizer isto, mas eu já me arrependi de perder a virgindade, mas como não posso fazer nada por isso, tento não pensar para não me chatear. Às vezes, acho que a minha mãe gosta mais da minha irmã, porque ela é virgem, tem mais cuidados com ela.

Este sonho exprime uma espécie de «para quê Pedro entre nós duas? E portanto, para quê sexualidade?». Ilustrando, deste modo, uma identificação inconsciente à mãe do Pedro.

É como se, secretamente, ela desse razão à mãe do Pedro. E a exclusão do Pedro que é revelada no sonho reflectisse, sobretudo, o ataque interno que a Matilde faz ao seu corpo sexuado e feminino, parecendo mais interessada em ter um objecto para comer e dormir do que um objecto de amor.

É como se fosse preciso estar acompanhada, porque há coisas que ela não sabe fazer sozinha, não sabe dormir sozinha, não sabe comer sozinha, perdeu os seus ritmos biológicos, coisas essenciais que se aprendem na base da vida.

Podemos também distinguir que esta área da mente dela que no sonho estabelece uma cumplicidade com a palavra da mãe do Pedro – para que é que nós precisamos do Pedro aqui?, não é preciso masculino entre nós duas – não é um aspecto da homossexualidade mas sim, um aspecto da denegação da sexualidade.

Há no sonho e na sessão, sem dúvida, uma secreta aliança com a mãe do namorado. Mas que virgindade é esta? Pensamos que não é da virgindade que a Matilde tem saudades, mas sim da intocabilidade, da idealização da pureza anoréxica, de uma castidade ascética, limpa, perfeita. Uma virgindade que repõe o lugar de uma perfeição patológica.

Na sessão, a Matilde ainda retorna ao sonho, com a ideia de que a mãe gosta mais da irmã por esta ser virgem, quase dizendo: como eu perdi o amor da minha mãe ao deixar de ser virgem, ou seja, ao deixar de ser intocada, idealizada e perfeita.

Freud explicou que em qualquer sintoma há um desejo de retorno a um estado originário. A Matilde deseja voltar ao estádio originário onde não há nada para além da brutal mentira que é uma mãe perfeita para um bebé perfeito sem a parte odiosa da mãe e sem a parte odiosa do bebé e a negação de tudo o que é estranho nessa relação.

A Matilde prossegue nas suas associações:

– O Pedro arranjou um novo emprego e como ganha mais dinheiro começou a fazer planos de casamento. O senhor Belo também disse que ajudava, dando-me dinheiro para a entrada de uma casa, mas eu por mim, antes quero dar esse dinheiro à minha mãe, ela é muito pobre e vive numa casa que não está acabada, eu antes queria dar o dinheiro à minha mãe.

Mostro à Matilde que o que ela desejava é a reparação total da mãe, para que reparada a mãe, no olhar da mãe (olhar que jamais a identificou), ela possa, ela própria, estar reparada. É com muita satisfação que a Matilde concorda comigo e diz-me que o problema é que só ela percebe isto; para o namorado e para o senhor Belo estas razões não fazem sentido. E acaba a sessão a falar alto e com muita ansiedade «quando era pequena na minha casa não havia casa de banho, tomava-se banho em bacias, e o meu pai ao domingo ia a casa dos meus avós tomar duche. Eles tinham sido emigrantes na Venezuela e tinham uma casa com tudo, e eu sempre que podia ficava em casa dos meus avós, mas depois o meu pai nunca mais voltava e a minha mãe chateava-me a dizer que nós não tínhamos casa de banho, que era tudo uma porcaria, que era por isso que o meu pai não voltava e claro que, eu penso, que se houvesse uma casa de banho não havia a discussão dos domingos».

Tentando manter a unidade conceptual da sessão, finalizo dizendo-lhe que «onde há limpeza não há lugar para conflitos».

Toda esta sessão está povoada daquilo que Bion chama de uma área de enunciados falsos: o que a Matilde responde à mãe do Pedro é um enunciado falso em relação a uma parte dela própria.

O sonho é um enunciado falso em relação ao que é uma verdadeira sexualidade. O conceito que ela tem do corpo e da virgindade é um enunciado falso face à ideia que ela mesma faz da sexualidade. E a relação entre os três é colocada num nível em que fica um enunciado falso face à omnipresença de uma coisa a dois, idealizada, que ela reporta por projecção, a uma imagem entre a mãe e a irmã.

Entretanto, começam a decorrer as sessões do tribunal do divórcio dos pais da Matilde. Ao saber que o pai se tenciona casar quando acabar o divórcio, a Matilde verbaliza «não sei o que a minha mãe sente, mas eu sinto ciúmes».

A mãe da Matilde, por seu lado, diz-lhe que ela até incentivou o divórcio, palavras que a Matilde recebe com grande espanto «até pode ser, mas não me lembro».

E durante todo este processo o sintoma produzido é uma taquicárdia «que já dura há 15 dias e que não passa com calmantes, por isso não é nervosa, nem é do coração disse-me o médico, se calhar devia ir a outro cardiologista» e ri-se, quando de repente se lembra do sonho que teve na noite anterior, o qual vou reproduzir:

– Era a minha vizinha lá da terra que vinha dar o recado, que o meu pai tinha telefonado a dizer que vinha buscar a minha mãe, não me lembro se às 6 ou às 10 horas... depois a minha mãe estava-se a arranjar para sair e estava com uma saia larga que fui eu que lhe dei no Natal, acho que não era mesmo igual mas era muito parecida, e eu dizia «oh mãe, podia vestir uma saia mais justa, que marcasse mais o corpo» e depois ela ia vestir, e depois ela estava naquela expectativa que tive sempre em relação ao meu pai: por um lado, é o contentamento das coisas, de ele prometer que fazia uma coisa e depois é o medo que ele não cumpra, que não apareça, que era o que acontecia sempre, eu ficava à espera mas sempre com a esperança que desta vez ele cumprisse».

Digo-lhe:

A Matilde não sabe o que é que há-de fazer com o seu corpo, ora acha que deve esconder, ora tem uma parte de si que gostaria muito de o mostrar. Penso que este sonho ilustra bem os mecanismos de condensação e de deslocamento, ou seja, ela desloca sobre a imagem da mãe o desejo dela em relação ao pai e depois organiza na metáfora da saia a condensação da divisão mental dela em relação à sexualidade.

É então possível relacionar a taquicárdia, a separação dos pais e o sonho, e, de facto, não é em vão que o coração bate tanto: O desejo de substituir a mãe no lugar da cena edípica, e uma saia larga (portanto uma roupa de anorética), mas que esconde um desejo de uma saia justa.

Este sonho permite a compreensão do sintoma (taquicárdia) que é da ordem do desejo.

1.3. Ser ou não ser, a questão de Édipo

A Matilde avança no processo terapêutico e chega à seguinte conclusão, aparentemente evidente: «afinal a minha depressão, a minha anorexia, a minha queda do cabelo, a minha hipocondria, a minha taquicárdia, os meus ataques de pânico, tudo isto eram coisas psicológicas» e deste modo a Matilde entende um problema que Freud levanta nos dois princípios do funcionamento mental. É que sendo a realidade insuportável, ela substitui-a por julgamentos falsos sobre a realidade. Nas palavras de Freud, «o sintoma é um julgamento falso sobre a realidade». E de facto, como temos vindo a ver, muitos enunciados falsos produz a mente anorética, a anorexia é um enunciado falso sobre a realidade.

Agora, na falta destes enunciados falsos, resta-lhe o temor de não ter nada dentro dela, aparecendo aqui um lugar que é o lugar do vazio, em que ela diz «agora não tenho nada, não sei como se chama o que sinto, só quando vejo um filme é que faço fantasias e estou bem».

Por outras palavras, quando a Matilde diz «era tudo psicológico» ela está a dizer «era tudo mentira», ou seja, era uma forma da paciente estar em não-contacto com partes essenciais de si própria. É ao despir-se destas vestes que emerge o sentimento de um enorme vazio.

Mas no decurso desta sessão, mais uma vez, a Matilde vai enunciar de um modo falso a sua questão central.

— Se eu tivesse dinheiro fazia uma plástica ao nariz, ao rosto e ao peito, agora no Natal tive uma conversa com a minha irmã e ela disse-me «o teu nariz é pequeno e o meu é médio» e disse «é esquisito o teu nariz, os buracos são esquisitos». Eu fiquei muito mal, porque eu nunca gostei do meu nariz, quando eu era pequena na escola chamavam-me «nariz de porco» por isso é que fiquei muito abalada com isto da minha irmã, porque ela é uma criança e as crianças não têm maldade.

— Comentei — claro que as crianças não têm maldade nenhuma, basta pensar nessas crianças que na escola primária lhe chamavam nariz de porco.

A Matilde ri-se e remete-se para o aspecto transferencial «e depois aqui com a Dr.ª acho que ganhei confiança em mim própria se alguém diz que sou bonita fico contente mas é sol de pouca dura porque estou sempre atenta ao que dizem sobre mim e por qualquer coisa fico logo a pensar». Esta semana aconteceu que o Pedro contou-me um sonho que teve e que era assim — ele ia com a namorada visitar os pais da namorada que viviam numa praia e a namorada tinha um rabo de cavalo depois a casa era pobre e o pai era bêbedo e tinha a roupa rota, depois vão passear à praia e aparecem dois leões e ele esconde-se atrás da namorada.

A Matilde prossegue o seu discurso explicando-me que «este pormenor do rabo de cavalo deixou-me desconfiada porque eu nunca uso rabo de cavalo porque o Pedro não gosta de me ver com o cabelo apanhado». Digo-lhe que ela insiste em discutir o nariz ou o rabo de cavalo para não discutir o verdadeiro lugar que ocupa junto das pessoas, como se ela continuasse sempre a ver-se através da percepção. Ou seja, é como se todo o conhecimento ou o não reconhecimento se operasse sob o signo das coisas perceptíveis, onde ela apenas se reconhece ou não se reconhece.

A paciente ainda não percebeu que o verdadeiro teste da realidade é construído pela articulação entre a representação e a realidade, nas palavras de Freud «quando nós encontramos a realidade nós apenas reencontramos a realidade, que quando a vemos não a podemos evidentemente ver» (1911, 19)

A Matilde termina a sessão dizendo-me que também tem dois sonhos dela para me contar, o primeiro «era uma violação, eu estava a ser violada porque não via a cara, mas o estranho é que não me estava a sentir mal», no segundo sonho «eu estava a ter relações sexuais e aí via o Pedro» e sobre estes sonhos apenas exprime a sua incompreensão «se eu tenho tantos problemas com a sexualidade na minha vida, porque é que sonho com ela?»

Este tipo de material permitiu-nos reflectir sobre a articulação entre o corpo e o ver, entre o sintoma e a percepção; isto é, no sonho: a Matilde apenas pode ser num lugar onde não vê: não vê o outro, nem se vê reflectida no outro; escotomiza assim que o outro esteja lá para a ver, porque ela também não o vê.

A Matilde deste modo desloca todo o seu sintoma na visão, e só no momento em que exclui este «scopos» (esta função escópica) é que pode organizar um desejo.

E é a própria Matilde que conclui verbalizando «o meu problema é ver-me ou ser vista».

Freud em Leonardo da Vinci (1910) diz que tudo o que a gente vê é o olhar de alguém que nos vê.

Mas se, no reconhecimento que um sujeito faz de mim, esse lugar do reconhecimento é oferecer-se-me como um lugar impossível, o que me resta é não me ver.

Mais tarde aparece no processo terapêutico um núcleo histérico. A Matilde chega à sessão muito antes da sua hora, explicando que «como estava trovoada e antes que piorasse resolvi vir, senão ficava com medo e depois já não vinha».

Diz-me então: – «Sabe Dr.ª, eu tenho dois lados ou sou muito frágil e preciso de um marido e tenho medo de ficar sem namorado ou arranjar outro que não presta etc., ou então, outras vezes acho que sou forte, que já vivi situações difíceis, mas na noite em que cheguei à terra da minha mãe comecei a chorar, acho que foi porque fui jantar com os meus primos da parte do meu pai e eles disseram--me que o meu pai esteve cá com a actual mulher, que ela era muito simpática, só disseram bem dela e eu senti ciúmes, raiva, inveja».

– É como se a Matilde reagisse pela sua mãe.

– Isso é um problema, quando comecei a andar com o Pedro eu não tinha prazer, porque achava que se a minha mãe não tinha um homem, eu também não podia ter.

– Há bocado quem tinha medo de ficar sem um homem, não era a sua mãe, era a Matilde, então afinal de que mulher é que estamos a falar? E que mulher é que lhe provoca esse ódio, essa raiva, essa zanga, é a sua mãe ou é você própria face à mulher que é mulher do seu pai? A sua mãe, além de ser sua mãe também foi mulher do seu pai e foi desse encontro que a Matilde nasceu.

– Isso é um problema, mas como é que eu faço Dr.ª, eu não quero ser igual a ela, mas não sei o que fazer.

– Há muitas maneiras de não querer ser, a Matilde por não querer ser igual a ela, liquidou tudo o que era feminino, as formas do corpo, as hormonas, para não ser igual a ela, mas se calhar a solução é ser igual a ela e não ser igual a ela, ou seja, talvez aqui a Matilde possa aprender a ser e não ser, ser mulher como a sua mãe e não ser a sua mãe.

O material das sessões centra-se a maior parte das vezes em torno de vivências edipianas. É exemplo disso a recente sessão, que passo a relatar quase na íntegra.

– A Dr.ª preferia que eu não fumasse, era melhor para a Dr.ª e para mim.

– O que a Matilde põe na boca ou não põe na boca, é um problema para si.

— Já não via a Dr.ª há muito tempo, a sessão passada não vim, fui visitar a minha mãe, não foi nada de especial, tive três pesadelos de intimidade, dois não posso partilhar porque são horríveis, não posso falar deles, mas o outro posso-lhe contar, o que eu ando a pensar de noite, sofro muito.

— Mais outra coisa que a Matilde não pode pôr na boca, são as coisas horríveis, as coisas horríveis também não se podem pôr na boca.

— (Ri-se) Acho que ando a inventar coisas para me ir embora, para ir viver na terra da minha mãe — o primeiro pesadelo era eu que encontrava o Pedro com a minha irmã numa situação de intimidade e então aquilo magoava-me imenso por dentro, mas mesmo assim eu dizia para contar à mãe, que não era preciso esconder. Eu via o Pedro feliz assim, mas estava-me a doer.

— Desiste depressa...

— Não Dr.ª, este sonho eu já interpretei, eu acho que tem a ver com uma conversa que eu tive ontem com o Pedro, eu estava-lhe a falar da minha apatia, da falta de sentido, do vazio, e ele disse «o que tu precisavas era de te apaixonares outra vez» e eu fiquei a pensar que ele já não gosta de mim e que não sabe isso e então era mais fácil se fosse eu a separar-me, foi por isso que depois tive este sonho. Também a minha irmã agora tem a idade que eu tinha quando vim para cá para Lisboa, eu digo sempre que quando vim para Lisboa fiquei entre «a espada e a parede», aqui era mau, lá era pior e então fiquei doente, definhei, a depressão, a anorexia, os ataques de pânico, as doenças imaginárias, sei lá mas o vazio começou muito antes de eu vir para cá.

A Matilde mostra com clareza que tem uma função psicanalítica da personalidade, quer pensar e está a reflectir sobre ela própria. E ao referir que a irmã tem a idade dela quando a anorexia começou, está a perguntar-se o que é que aconteceu, a essa parte dela que caiu nestes sintomas imensos, o que é que ela ganhou com isso? O que é que ela já sabe de si? Parece que já aprendeu que não teve que ver só com a separação, com a vinda para Lisboa, era uma coisa que estava de trás.

A Matilde prossegue o seu discurso:

– A última vez que eu falei com o meu pai ele disse que se ia casar com a namorada, este Verão em Paris, e que queria que a Patrícia (minha irmã) e eu fossemos lá, a minha mãe disse logo 'a Patrícia pode ir, mas a Matilde não'.

– A Matilde não se divorciou do seu pai, pois não?

– (Ri-se) A minha mãe acha que eu tenho de reagir como ela, ficar zangada.

(Silêncio) Um dos pesadelos que eu tive foi com a Dr.ª e o outro com o Sr. Belo, eram sonhos de intimidade.

Há um novo silêncio que eu tento desbloquear dizendo:

– Tanto eu como o Sr Belo somos pessoas investidas pela Matilde de uma maneira parental, e os sonhos são maneiras de interpretar, não é mesmo o que é.

E a Matilde ao responder-me evoca-me Rimbaud «Les hommes sont faits des rêves et les rêves sont faits des hommes».

– Não, mas neste não havia dúvidas que era a Dr.ª, realmente era um bocado miminhos, carícias de mãe, mas não deixava de ser uma situação de intimidade, a Dr.ª primeiro aparecia nua da cintura para cima e depois da cintura para baixo. Eu acho que a única interpretação é inventar coisas para me afastar das pessoas que me ligam a Lisboa, a Dr.ª e o Senhor Belo, e então poder ir para a terra da minha mãe, estou outra vez entre a espada e a parede, ir para a terra fazer o quê? E também sinto uma certa obrigação em relação ao Sr. Belo.

– A história de toda a vida dos humanos é que belos senhores se atravessam na vida de belas senhoras, e o problema é o que é que acontece nessas travessias, o que é que as mulheres fazem com estes belos senhores, como é que se cumpre ou não cumpre as obrigações em relação aos belos senhores que se encontram.

Acabo a sessão transformando o Sr. Belo no belo senhor, dando--lhe o lugar de Édipo e perguntando-me que lugar tem a anorexia nas obrigações que as mulheres têm em relação aos belos senhores.

Curiosamente é sobre o sonho com o Sr. Belo que há um silêncio da parte da Matilde. Ao não contar este sonho, é também o sonho que mais «conta». Ou seja, «eu posso-me desnudar perante ti e tu desnudares-te perante mim, mas não posso desnudar a parte em que eu estou com o Sr. Belo».

Esta indagação permanente é a forma que tanto a Matilde como eu temos de crescer, e é por isso, a via régia da evolução do processo psicoterapêutico até aqui e a partir daqui.

2. SEGUNDO CASO: A HELENA

2.1. Uma perfeição patológica

É a exuberância o que caracteriza a Helena, uma magreza cadavérica que culmina numas pernas tão magras e finas, nas quais ela própria tropeça e cai, uma cultura sólida com um genuíno interesse pelo saber, pelas suas leituras e pelo estudo em geral.

Quando me procura, a Helena tem 30 anos e, depois de um mestrado feito em Viena, faz agora o seu doutoramento em Música sobre a Ópera O Cavaleiro da Rosa.

Durante as sessões emprega um vocabulário rico e erudito com que caracteriza pormenorizadamente cada situação da sua vida, dando um pouco a sensação de não pertencer à sua geração.

O acompanhamento psicoterapêutico vai ser interrompido, pois a Helena consegue uma bolsa para o seu doutoramento e em Portugal não há ninguém que possa orientar a sua tese, nem material de estudo disponível.

Acordámos sobre a importância de prosseguir em Viena a sua psicoterapia e sugiro-lhe o nome de uma colega.

Durante esse tempo, a Helena telefona-me, escreve-me e quando vem a Lisboa procura-me. Está visivelmente melhor, mas sente-se «muito insegura e perdida».

A Helena foi-me enviada pela Médica Endocrinologista que expressa de antemão o seu pessimismo e me diz «sou muito amiga dos pais da Helena, umas óptimas pessoas, muito diferenciadas, já não sabem o que fazer. A situação já se prolonga há tanto tempo, é uma rapariga inteligentíssima , percebe tudo, mas não muda nada, não sei o que é que se pode fazer nesta idade, já está a ficar uma situação crónica».

A Helena nasceu em Lisboa e é filha única. O pai é director de um banco e mantém conjuntamente com a mãe uma intensa actividade social sobretudo exposições, concertos, teatros, ballets etc.

A Helena diz ter sido sempre uma criança gorda, feia e sem amigos na escola, pois devido a esta educação tão diferenciada «tinha gostos e interesses mais evoluídos, já em criança achava aquelas brincadeiras parvas».

Durante toda a adolescência faz dietas sucessivas para combater a obesidade, mas continua isolada e sem amigos.

Tira o curso de música e é no conservatório que conhece o seu actual marido, um pianista famoso, e sobre o qual diz «o meu marido precisa de mim, é uma pessoa frágil, e eu apercebi-me que ele era um artista e que não o sabia, valorizei-o, ajudei-o a descobrir, a pôr cá fora a arte».

«Neste momento ele vive em Nova Iorque e eu estou em Lisboa em casa dos meus pais que é mais confortável e mais quente do que a minha, porque não posso pensar que tinha de entrar numa cozinha e cozinhar, a minha relação com a comida é tão complicada que não me posso sujeitar a essa situação».

Nas primeiras sessões penso que a Helena confunde a relação comigo com o funcionamento dela ao nível do sintoma. Utilizando a terminologia de Bion diria que ela faz um enunciado falso que envolve a própria natureza da relação terapêutica. Explica-me que a sua alimentação é «pura e natural para obter uma maximização e um aumento da performance cerebral».

Também eu e as sessões somos sentidas como um alimento natural; «acho que as sessões são naturais, gosto assim (emociona-se)... também lhe queria dizer que preferia não me emocionar desta maneira, estive a pensar e acho que não tenho de pedir-lhe desculpa, mas quero que saiba que preferia não me emocionar, aqui é o único sítio onde me acontece».

A Helena vai apresentar uma comunicação num congresso, assunto que ocupa grande parte das sessões, «continuo preocupada com a conferência, não é com a conferência em si, é com a sensação de que não sou capaz de comunicar, que não tenho nada para dar aos outros, já pensei que o pior que podia acontecer era as pessoas não gostarem, acharem que era uma perda de tempo, ouvirem-me, mas acho que também não vou prejudicar a sua existência por me ouvirem, nunca estou contente com o que produzo, em termos materiais eu até sou uma pessoa fácil de satisfazer, por exemplo se compro umas calças fico contente, juntei aquele dinheiro e depois acho que as calças me ficam bem..., mas com o meu trabalho, acho sempre que tinha obrigação de fazer mais, se estudo até às 11 horas da noite, acho que devia estudar até à meia-noite, se li 5 referências devia ter lido 8... e não sei, é horrível dizer isto mas sinto-me cansada, mas não posso, não quero e não fiz nada que justifique o cansaço».

Digo-lhe que talvez este cansaço seja o preço de tanta perfeição, desde as calças que veste, à conferência que faz, em todas as coisas a Helena mantém-se numa posição perfeita. A Helena concorda comigo e fica «mais descansada» pois tem muito medo da loucura, é que «tenho-me afastado muito da realidade».

Prossegue o seu discurso contando-me que, há anos que os seus dias são passados em bibliotecas a estudar «e agora o meu marido diz para eu descansar, os meus pais também e até o meu orientador diz que eu posso descansar... mas eu não quero, não acho que posso, acho que para merecer coisas é preciso fazer alguma coisa, e eu até estive a pensar que para os outros não sou assim, mas para mim sou, houve alturas em que o meu marido não estava a trabalhar por circunstâncias várias, era eu que ganhava dinheiro e isso não me incomodava absolutamente nada, mas se for eu a não produzir nada, acho que não tenho esse direito. Mesmo em Nova Iorque, onde vivi um ano, os meus pais mandavam-me dinheiro e eu dizia que não precisava, que não mandassem porque acho que a pessoa tem de fazer alguma coisa para merecer existir e para ter as coisa que merece... eu agora ando assustada pois não consigo entrar numa loja e falar, ou falar com uma pessoa qualquer ou ter uma conversa telefónica, a família do meu marido até veio de Coimbra para me visitar hoje, e eu menti e disse que a sessão com a Dr.ª era mais tarde e eu vou passear com a minha mãe para me acalmar e estar menos tempo com eles, eles até mostram que gostam de mim, mas é de uma maneira estúpida, são aquele género de pessoas que falam de football».

Pedagogicamente explico à Helena como Freud ensinou que muitas vezes o medo é um sinal do desejo e que talvez este medo dela de comunicar seja um desejo dela de não comunicar, de prescindir completamente da relação com os outros.

Penso que a Helena me está a dizer que não precisa dos outros nem precisa dos pais, nem do marido, se ele não trabalhar não havia problema nenhum, esteve em Nova Iorque sem dinheiro e também não houve problema nenhum, até lhe custava receber. Pergunto-lhe o que é que ela vem aqui fazer? Como é que pode beneficiar de uma psicoterapia? Até que ponto nunca precisar dos outros, não é um brutal ataque à realidade do outro, não será demiti-los de qualquer relação, e assim negar a sua existência?

Enquanto escuto a Helena penso várias hipóteses que instintivamente me inibo de verbalizar; porque será que estando casada há 5 anos, nunca pensou ter um filho? O que é que se passa com a sua sexualidade? Como será a relação dela com o pianista?

Como reenviar estas queixas a um outro lugar, onde está o verdadeiro problema? Isto é, como transformar estas queixas num pedido?

Será a mente da Helena dominada por um perfeccionismo narcisista da vertente obsessiva, cuja correspondência é, em última análise, o ascetismo como forma de resolver esta relação à perfeição?

Será que a erradicação de tudo o que é sujo de dentro da mente é a forma da Helena ser anorética?

Será esta conferência, um lugar onde ela aparece casta, limpa, imaculada e com uma performance mental formidável?

Será que ela está dedicada de corpo e alma a realizar uma imagem narcísica?

Talvez face à sobrecarga do Super Eu, ela tenha organizado um Eu ideal, com o qual se confunde, ou seja, ela é o seu Eu ideal, limpa, casta e santa.

2.2. Ser vista no equívoco

Mas todos estes pensamentos são bruscamente interrompidos, pois a Helena é operada de urgência a uma perfuração do intestino, a qual não se sabe se é congénita ou se é uma complicação da anorexia que raramente acontece, mas que vem descrita nos livros. A médica da Helena diz-me que a Helena esteve muito mal, «entre a vida e a morte».

Durante este internamento, quando passa dos cuidados intensivos para os cuidados intermédios, a Helena faz um delírio curioso, «os médicos estão a falar de prendas e a passarem caixas uns aos outros, estão a falar e a rirem-se e ela percebe que as caixas têm droga e que eles estão a passar droga, então ela fica com um medo terrível e pensa fingir que estava a dormir ou fingir que é maluca, porque a vida dela corre perigo, depois vê que os médicos estão a subornar os doentes, para eles se calarem, dão uma nota de 5.000$00 a cada um; a ela não lhe deram, porque a enfermaria tinha um espelho e o médico, donde está, não a vê, porque vê a doente da cama ao lado e dá o dinheiro à pessoa na cama ao lado, por isso ela não tem a prova de tudo isto, que era a nota de 5 contos. Mesmo assim, sempre que o médico se aproxima dela, ela faz uma cena enorme e quando ele lhe dá calmantes, pensa sempre que era para ela ficar zonza, baralhada e não falar, e acrescenta que teve muitas vezes medo que a matassem para não falar».

Toda esta história é-me contada sem a menor crítica ou laivo de dúvida, a chorar profundamente e achando que eu estava a acreditar, o que não acontecera na família dela.

O conteúdo deste delírio é deveras curioso, há um objecto que não reconhece a Helena, mas que ela reconhece, pelo lado odioso que ele contém, talvez aqui se origine o objecto maligno na anorexia.

No sentido de tentar perceber este jogo de espelhos e de olhares, torna-se importante o texto de Freud sobre Leonardo Da Vinci, no qual aparece, pela primeira vez na teoria psicanalítica, o conceito de narcisismo.

Diz Freud «se Leonardo teve sucesso ao reproduzir nas feições de Mona Lisa a dupla significação contida naquele sorriso, a promessa de ternura infinita e ao mesmo tempo a sinistra ameaça (segundo a frase de Pater), manteve-se também fiel ao conteúdo de sua lembrança mais distante. Porque a ternura de sua mãe foi-lhe fatal; determinou o seu destino e as privações que o mundo lhe reservava. A violência das carícias evidentes em sua fantasia sobre o abutre eram muito naturais. No seu amor pelo filho, a pobre mãe abandonada procurava dar expansão à lembrança de todas as carícias recebidas e à sua ânsia por outras mais. Tinha necessidade de fazê-lo, não só para consolar-se de não ter marido, mas também para compensar junto ao filho a ausência de um pai para acarinhá-lo. Assim, como toda as mães frustradas, substituiu o marido pelo filho pequeno, e pelo precoce amadurecimento de seu erotismo privou-o de uma parte da sua masculinidade. O amor da mãe pela criança que ela amamenta e cuida é muito mais profundo que o que sente, mais tarde, pela criança no seu período de crescimento. Sua natureza é a de uma relação amorosa plenamente satisfatória, que não somente gratifica todos os desejos mentais mas também todas as necessidades físicas; e se isto representa uma das formas possíveis da felicidade humana, em parte será devido à possibilidade que oferece de satisfazer, sem reprovação, desejos impulsivos há muito reprimidos e que podem ser considerados como perversos». (1910, ESB, XI, 105-106)

Ora esta ideia de que eu me transformo no objecto de amor e, ao mesmo tempo, sou o olhar do objecto de amor em cima de mim e desta forma excluo a parte sinistra, a parte horrível, deste mesmo olhar, aproxima-se muito do que se passa na anorexia. Quase como uma tentativa de operar uma modificação radical no sujeito, para que no olhar da mãe, a pessoa se reveja, digamos num lugar que, como diz Freud, é o lugar da forma possível de felicidade humana.

Ao não ser vista no delírio, a Helena consegue uma espécie de denegação do olhar fatal e sinistro; é assim insustentável, insuportável, esse mau olhar que diz «és um horror». Ao excluir esta má mãe, este mau olhar, que é aquilo com que todos nós temos de aprender a viver, acaba por não se constituir como um sujeito total, pois as mães existem sempre assim na totalidade da depressão, da tristeza, da alegria, da frustração, do prazer.

Fica então um atributo narcísico total, um mistério da redenção narcísica, isto é, um bebé perfeito amado por uma mãe perfeita.

E uma desesperada tentativa de reproduzir no espelho um olhar desta mesma natureza, através (da redenção narcísica) do corpo perfeito, da mulher perfeita.

Percebemos assim a intuição de Freud de que o meu narcisismo é aquilo que resulta do meu equívoco no olhar do objecto.

E se Leonardo esteve sempre pintando-se a si próprio, no olhar da mãe, refazendo esse vínculo narcisista originário e envolvido para todo o sempre numa ilusão especular, a de que existo através da ilusão amorosa que me é devolvida.

Também as anoréticas odeiam o corpo maternal, o corpo feminino e tudo o que ele significa, para ficarem envolvidas numa relação absolutamente enlouquecedora com uma imagem impossível de ser um bebé perfeito de uma mãe que lhe devolve um olhar perfeito. Exclui-se assim a sua própria pessoa que também está contida naquele olhar que diz «isto também és tu, também és essa parte que eu detesto em ti».

As últimas sessões, antes de a Helena ir para Viena, são povoadas por um discurso factual, sem valor algum, talvez uma espécie de não comunicação de forma a proteger-se da dor psíquica da separação. Nesta sua fala vazia, nunca aborda o lugar de despedida. Durante as sessões apenas descreve os custos da hipótese de comprar um piano novo em Viena que é muito mais cara do que transportar o seu piano de Lisboa para Viena ou de alugar lá um outro piano. Explica-me os progressos em relação ao que come, havendo um aspecto que me pareceu curioso e relevante na vida mental da Helena, e que foi ela contar que «continuo a fazer um bolo para o meu pai uma vez por semana, mas para o meu marido recuso-me a cozinhar». Eu pergunto-lhe «o que é que isso quer dizer, será que tem a ver com a relação, com o envolvimento afectivo que tem com um e com outro?». Ao que a Helena responde, mantendo-se fiel ao seu discurso factual, «antes era sempre o problema de eu me levantar às 7 horas da manhã e o meu marido ao meio-dia, eu almoçar à 1 hora e ele às 4 horas da tarde e depois eu é que tinha de cozinhar comida temperada, agora estou melhor e não cozinho, além disso às 8 horas da manhã queria falar com ele e ele estava a dormir».

2.3. **A porta que na consciência fecha o contacto com a sexualidade**

Meses mais tarde, a Helena vem nas férias a Lisboa e procura-me, pois está preocupada e a sua família também. Diz-me «agora tenho sonambulismo».

Nesta sessão, que passo a relatar quase na íntegra, a Helena fala pela primeira vez na sua parte transgressiva versus a sua parte santa, tão patente até então.

– «Isto já há muito tempo que eu me levantava de noite ia à cozinha e tinha de comer pão para conseguir voltar a adormecer, é estranho porque se eu levar para o quarto não dá, tenho de ir à cozinha, ao frigorífico e isso preocupa-me, porque eu estou assim inchada, não pelo que como às refeições, mas por este pão durante a noite, não sei como controlar isto».

Mostro-lhe como o ir à cozinha e tirar do interior do frigorífico é uma coisa mais transgressiva, levar para o quarto seria assumir a realidade de um desejo.

Sobretudo esta forma de sonambulismo corresponde a qualquer coisa que é o contrário do que é feito durante o dia, uma espécie de um acto dissociado, uma parte clivada da mente que entra em acção sob a forma de um comportamento automático e dirigido.

A Helena, com o seu ar preocupado, prossegue o seu discurso, explicando-me «Mas agora, além disso, o meu marido já me encontrou em diferentes partes da casa, não sei se pode ter algum perigo, eu vou à sala e mexo em gavetas, arrumo toalhas, o meu marido vem ter comigo eu estou inconsciente, tenho um olhar esquisito e ele pergunta-me, o que é que eu faço ali? E eu digo, não vês, estou à procura das chaves, estou sempre a procurar alguma coisa».

— O que será que a Helena procura?

— Eu acho que tem a ver com uma história de quando eu era miúda, tinha 8, 9 anos, como eu era gorda fazia muitas dietas e os meus pais tinham os chocolates e os doces fechados à chave, eu sabia onde estava a chave e por vezes depois do jantar os meus pais davam-me um chocolate, mas era só um, eu fui uma vez ou outra buscar, eu sabia, porque eles diziam onde estava a chave, também sabia onde estava o dinheiro, e eu associo sempre as duas coisas, as coisas boas eram doces e dinheiro e estavam fechadas à chave.

— As coisas boas eram só para os seus pais.

— A Dr.ª faz-me lembrar uma história que eu nunca contei a ninguém, mas que foi muito traumatizante para o resto da minha vida, quando eu tinha 12 anos uma vez tinha viajado com os meus pais e ficava a dormir no quarto deles no hotel, e uma noite eles chamaram-me e eu não respondi fingi que estava a dormir porque queria ver o que acontecia, e os meus pais iam começar a acariciar--se e eu fiquei assustada e comecei aos gritos e num pranto, a minha mãe veio logo ter comigo, a acalmar-me a dizer que não estava a acontecer nada de mal que eles só estavam a fazer festinhas e eu desde aí que durmo sempre com a porta fechada, nunca mais consegui dormir com a porta aberta e tapo o ouvido com o lençol, durante muitos anos até friccionava o ouvido para fazer uma barreira e não poder ouvir nenhum som, ainda hoje tenho raiva desta história, estragou tanto a minha vida, porque é que havia de ter ficado no quarto deles? E porque é que eu menti, não disse que estava acor-dada? Revolta-me imenso.

— É natural que se tenha sentido agredida, revoltada, com raiva, como se eles não tivessem respeito por si; e também, dessa forma, os seus pais não lhe deram espaço para imaginar, para poder fantasiar a sua sexualidade, uma vez que se sentiu invadida pela sexualidade deles.

– A Dr.ª sabe a relação difícil que eu tenho com estes assuntos, e com o meu corpo, agora que já passou mais tempo da operação, já me custa outra vez a acreditar que dentro do meu corpo há órgãos, é esquisito.

– Um corpo limpo, puro.

– Sabe quando os meus pais me visitaram agora em Viena eu preparei tudo ao pormenor, eles estavam encantados com a casa, comigo e acho que não me senti eu, era tudo preparado, artificial, e depois quando eles voltaram eu estava ao telefone e disse-lhes que se houvesse alguma coisa que eles não tivessem gostado para desculparem, e eles disseram «não Helena foi tudo óptimo, temos uma filha perfeita» foi essa a palavra que eles usaram perfeita, a Dr.ª usa muitas vezes também, perfeita, ideal.

O sonambulismo da Helena, que aparece como um comportamento dirigido, é, na sua associação, uma repetição de qualquer coisa do passado, a qual também tem a ver com a questão alimentar.

Mas o sonambulismo, o contínuo sono-vigília não se restringem ao chocolate escondido e a sua estratégia de fingir que está a dormir coloca-a no meio caminho entre o estar acordada e o seu desejo e curiosidade sexual, que acabam por ser-lhe insuportáveis. Isto é, só através do sonambulismo, a Helena pode estar acordada perante o seu próprio desejo, só assim pode ter uma procura automática das coisas boas que estão sempre fechadas à chave, os chocolates e o dinheiro; e se a referência oral e anal é bem explícita, não deixa também de o ser a nítida exclusão do sexual. E se a sexualidade não estava fechada à chave, ela, Helena, passa a fechar-se à chave.

Quando, aos 12 anos, a Helena fingiu que estava a dormir para saber o que se estava a passar, interessada em saber o que é a sexualidade, cumpria o destino da indagação. Ora a questão central não é o ela ter tido curiosidade em ver, mas sim, o que é que ela não suportou ver. A mãe a dar prazer ao pai? O pai a ser excitado pela mãe? Os dois juntos e a exclusão dela? O desejo dela, de estar no lugar da mãe? Muito se jogou neste momento que a Helena, acaba por resolver, dizendo «isso é interdito». Mas o lugar possível ao interdito é, como sabemos, o consciente e não o inconsciente e o desejo dela. Afinal, o inconsciente não se educa.

Esta Helena, que consegue que a visita dos pais seja muito agradável e que estes digam «temos uma filha perfeita», é também quem os enche de receios pois nesse lugar perfeito, anda de noite à procura de uma chave para abrir chocolates, dinheiro, frigoríficos e o quarto dos pais.

Por fim, é interessante constatar que este sonambulismo que, como já foi dito, aparece como um comportamento dirigido, tem também um carácter compulsivo. E se muitas vezes na clínica vemos a anorexia versus a bulimia, aqui temos uma anorexia versus sonambulismo. Ou seja, este sonambulismo é o que ela faz transgressivamente versus a anorexia, parecendo assim ser um equivalente bulímico, no sentido de ter o mesmo valor relacional, de se tratar do mesmo gueto psicológico. É também um sonambulismo sobredeterminado: está a procurar o chocolate escondido, ao mesmo tempo que o frigorífico; mas também procura o desejo dela em relação aos pais e a chave da porta, a qual foi ela que escondeu.

Hoje em dia, e tendo o seu doutoramento quase concluído, a Helena resolve voltar a viver em Portugal e procura-me no sentido de reiniciarmos o acompanhamento psicoterapêutico.

3. TERCEIRO CASO: A RITA

Apesar de a seguir em psicoterapia, há já 3 anos, é-me difícil caracterizar a Rita. É uma rapariga bastante bonita, mas ainda não o percebeu; é uma excelente aluna no curso de Farmácia e as sessões decorrem muito pacatamente, sem grandes ansiedades, sem grandes emoções.

Quando me procurou, a Rita já tinha uma anorexia nervosa há cerca de 2 anos, mas até então tinha sempre recusado o acompanhamento psicoterapêutico. Frequentava um grupo de entre-ajuda de anoréxicas e só depois de me ter conhecido nessas reuniões é que pede o meu contacto à endocrinologista.

A Rita recuperou o peso, voltou a ter menstruação, mas pressentimos as duas, o surgimento de uma Rita triste, com poucos projectos e investimentos pessoais, com poucos amigos, sem namorado e sem estar sequer habituada a deslocar-se sozinha na cidade de Lisboa, pois os pais acompanham-na frequentemente.

Nas primeiras sessões, a principal preocupação da Rita era não haver silêncios, «conseguir conversar comigo durante uma hora», e na sessão seguinte comentava, com satisfação, como tinha corrido bem a sessão anterior. Parecia uma espécie de um teste da escola que lhe corria bem e ao qual ela nunca faltava.

Da minha parte, após ter-lhe chamado a atenção para esta sua necessidade de preenchimento, numa espécie de luta contra o vazio e, de lhe mostrar que ali havia um espaço para esse vazio interno, não a forcei e resolvi ajudar a Rita nessa tarefa. E tentando sempre não falar de mim, lá ia conversando e dialogando, de forma a evitar silêncios demasiadamente prolongados.

Já tinha decorrido mais de um ano, quando entusiasmadamente a Rita me traz dois sonhos para a sessão:

– «Desta vez tive dois sonhos, como da outra vez tinha-me perguntado e eu não me lembrava, desta vez 'tive para escrever, mas depois contei às minhas amigas para não me esquecer:

Um era eu que ia na rua e encontrava um cãozinho e levava-o para casa para cuidar dele.

Acho que tive este sonho, porque já tive um cão, quer dizer, já tive muitos animais, mas antes andava sempre a pedir um cão e depois tive um que era muito pequeno e ia destruindo a casa. A minha avó ao princípio gostou mas depois punha as culpas de tudo no cão. Quer dizer, era o bode expiatório lá de casa, eu ia passeá-lo mas nem sempre podia, e ele de estar muito tempo em casa ficava irrequieto e destruía tudo, roía tudo, eu gostava dele.

Face a esta associação do sonho com um cão insuportável que roía tudo digo-lhe que também ela Rita, queria, como no sonho, levar para casa uma parte dela que é ávida, roedora, insaciável. Ela ri-se fala um pouco sobre o medo que tem de não conseguir controlar o que come, o desejo que sente de comer bolachas de chocolate em vez da dieta, da inveja que tem da irmã quando a vê comer gelados, e, apesar desta ser mais gorda do que ela, sente-se à vontade, e está sempre a rir.

A Rita expõe assim as duas faces do seu sintoma, só que ela não sabe como lidar, como conter, como estabelecer um vínculo com essa sua parte ávida e roedora, a não ser pela negação completa dessa mesma parte e que é a sua própria anorexia.

– «O outro sonho, era que eu estava grávida, era só ar a barriga mas eu punha a mão assim e depois para o bebé nascer ia a Coimbra e eu acordava antes do bebé nascer, mas sabia no sonho ainda, que era um rapaz».

É ainda com fôlego e entusiasmo que a Rita associa «acho que era Coimbra porque nesse dia na escola tinha-se estado a falar de uma rapariga que foi operada no Hospital em Coimbra, senão porquê Coimbra? Com tantos sítios em Lisboa porquê ir para Coimbra, além disso no sonho não era um hospital era um centro de saúde ou uma clínica. Que disparate, eu sempre quis ter uma filha, só quero uma e quero uma menina, acho que as meninas podem vestir roupas giras, arranjar-se mais e os rapazes, também são mais despegados».

Já que a Rita é professora de catequese, lembro-lhe, que conceber um bebé de ar é conceber um bebé sem a relação com um homem, e que talvez este bebé seja ela própria; por isso o que nasce não é uma mulher mas um rapaz e que tem sido este o destino da relação dela com o seu próprio corpo.

A Rita acena com a cabeça, olha para mim com um ar entre o espantado e de quem não percebeu bem o que eu disse e prossegue a sessão, curiosamente, contando-me que «Também já tive uma esquila, cheirava muito mal, acho que era do cio, deitava um líquido castanho, ela tinha uma gaiola mas andava sempre pendurada no nosso ombro, na nossa cabeça. Tive um gato da União Zoófila, mas como eu adoeci, parece que tinha uma alergia que podia ter que ver com o gato, então deu-se o gato, agora tenho pássaros e tartarugas».

Tento não magoar a Rita e, em tom de brincadeira, digo-lhe que me parece que ela está a falar dos riscos que ela não corre: não é como o cão que rói, não é como a esquila que cheira a cio e, portanto, também não corre o risco de lhe aparecer um esquilo pois a barriga dela, fica, apenas, cheia de ar e vento.

A Rita termina então a sessão, explicando-me que nunca teve um namorado, «eu acho esquisito nunca ter tido um namorado, acho que gostava que gostassem de mim, mas eu não vejo ninguém que eu goste, mas o que me preocupa mais agora é a comida, porque eu queria melhorar e não consigo, é o medo de engordar um bocado, eu nunca fui gorda mas agora acho que se engordar não fico como antes, porque é uma questão de estrutura do corpo, acho que na minha escola há raparigas que são mais gordas e eu acho-as bem feitas, mas são mais altas que eu, eu meço 1,60m, na minha família as pessoas são baixas, e na estrutura do meu corpo também acho que há uma diferença na parte de baixo e de cima das pernas, e se eu engordar fica mal porque acentua essa diferença».

Nesta sessão, através dos dois sonhos, a Rita falou de coisas essenciais. No primeiro sonho diz-nos que é preciso fazer qualquer coisa com este cachorro que é ela própria. No segundo sonho ela estabelece um projecto alucinante de conceber um filho, sem homem, de ar e vento, e depois dá origem a um rapaz que é ela própria. Por fim, explica que nunca teve um namorado, o que é articulável com a fantasia do bebé de ar, e que come apenas migalhinhas, penso que para se proteger do cão roedor.

Após uma fase mais depressiva na qual, a Rita exprimia nas sessões uma dor ténue mas visível «agora ando sempre assim, continuo na mesma, estive imenso tempo a chorar porque não tenho prazer com nada, não gosto do meu corpo, o que faço não me diz nada, parece que ninguém gosta de mim». Começaram a surgir nas sessões seguintes, aspectos de índole sexual, os quais, me parece, demonstrarem algum progresso terapêutico.

É como se a Rita começasse a querer pensar. Iniciou esta sessão ainda descrevendo a sua ambivalência, o seu corpo desorganizado fruto de uma má identificação materna versus um corpo libidinal que ela tenta descobrir através do pai e de um colega da faculdade. Diz a Rita:

— «Ontem fui comprar roupa e fiquei chateada, nada me servia, queria comprar uma daquelas blusas com manga a três quartos que dizem que disfarça os braços gordos mas ficavam-me apertadas nos braços, eu agora como tenho usado roupas velhas, não tenho ligado, mas quando vou comprar roupa fico chateada por achar que estou gorda, que nada me serve, que vou ter mais cuidado com o que como, mas depois como coisas que não devo. No Dia da Mãe, zanguei-me com a minha mãe, porque ela começou a ralhar a dizer que a casa estava desarrumada, que eu e a minha irmã não nos podíamos casar porque era uma vergonha não arrumarmos nada e depois eu disse-lhe que ela ralhava mas também não ligava nada à casa, nem à família, só liga ao trabalho dela; eu digo estas coisas à minha mãe mas acho que entra-lhe por um ouvido e sai-lhe pelo outro, ela nunca liga se as pessoas estão bem, gosto mais do meu pai, é mais calado mas tem atenção, preocupa-se e é mais afectuoso. Eu nalgumas coisas sou parecida com a minha mãe, no ligar muito à escola, mas noutras sou mais parecida com o meu pai, no ser calada, por exemplo. Também tenho um sonho para lhe contar, foi com um rapaz da minha aula que é o Luís, é filho do médico do Benfica, e no outro dia eu não fui às aulas e ele perguntou por mim à Elsa, ele não é nada giro fisicamente, mas é muito simpático, super-educado, mas isto é tudo da realidade. No sonho, era lá no anfiteatro da faculdade que estava a ser a entrega dos Óscares e ele ganhava o Óscar da Bio--Química e quando ia agradecer o Óscar, agradecia e dedicava-o a mim, dizia, tipo, que sem a minha ajuda não teria sido possível, etc, etc, elogiava-me e depois vinha-se sentar ao meu lado e dava-me a mão».

— Parece que em relação aos homens, ao teu pai, ao Luís, tu tens a capacidade de atribuir um valor bio-químico, de perceber a química dos homens e das mulheres, mas há outra parte de ti que ainda está muito invadida por uma imagem feminina desorganizada, um pouco como tu dizes que é a tua mãe, que não liga nada à casa, nem ao corpo (como se a casa fosse um equivalente do corpo).

A Rita ri-se e, com uma cara meio envergonhada, meio malandra, acrescenta:

— «Por falar em Bio–Química esta noite sonhei com o Marcos, não me lembro do sonho, mas foi porque ontem encontrei-o e estivemos a falar, ele perguntou-me como é que ia isso de namorados e eu disse-lhe que também lhe perguntava a ele e ele respondeu que agora já não ligava a essas coisas, imagine-se ele, como se eu acreditasse.

— Mas parece que essas conversas com rapazes tiveram mais importância do que tu pensavas, depois sonhaste com elas.

— «Se lá em minha casa ouvissem a Dr.ª! Sabe, o Rui, que costuma estudar comigo, como ele está sempre a pedir-me para eu lhe explicar partes da matéria e houve uma oral em que estudamos eu, ele e a Elsa e depois o Rui teve 18 e eu e a Elsa tivemos 16, e nós é que lhe explicámos quase toda a matéria, mas ele é muito despachado e tem jeito para conversar com os professores durante a oral, então lá em minha casa chamam-lhe de aldrabão para baixo, acham que sempre que ele me telefona é para se aproveitar dos meus conhecimentos, que ele tem jeito é para vender Time-Sharing no Algarve».

— Lá em tua casa, até parece que têm alguma coisa contra os rapazes, dizem que tu não te podes casar, por seres desarrumada, o Rui é depreciado e também não gostavam do Marcos .

A Rita ri-se de novo, mas é num tom triste que exprime a sua oscilação em relação ao vertex masculino:

— «Mas eu também acho que ele é um bocado aproveitador, até já falei com ele sobre isso, se ele só me liga para eu lhe explicar a matéria que já estudei, eu não me importo se tenho tempo, até decoro a matéria enquanto explico, mas acho chato se não é por amizade».

— Qualquer pretexto é bom para afastar os aspectos bio-químicos.

Penso que esta parte da sessão mostra um pouco a patologia da família da Rita, ou seja, uma espécie de família casa de bonecas, na qual sobressai uma matriz anti-masculina e um ódio ao terceiro figurado por esta desqualificação das figuras masculinas que lá aparecem em casa, nomeadamente o Rui, como se a sexualidade fosse muito ameaçadora para toda a estrutura familiar.

De facto, os aspectos de falso-self familiar, parecem predominar: as aparências, o que os vizinhos podem pensar, o ela ser muito boa aluna, tirar um curso para parecer bem, para se mostrar visível do ponto de vista narcísico.

Mas é também muito relevante a Rita querer sacudir esta imagem, este falso-self:

– «No outro dia, na faculdade fiquei um bocado chateada porque parece que estou a ficar com a fama de marrona e eu não gostava que isso acontecesse, até porque agora só tenho estudado na altura dos exames, mas estavam a combinar sair à noite e alguém disse para mim, 'vais começar já a estudar? É por isso que não vens?' e eu respondi que 'não tinha dito que não ia'. No liceu eu tinha fama de marrona, mas é como eu já disse aqui, como nada acontecia de bom no outro lado da minha vida, pensava para mim 'ao menos, sou magra e boa aluna', acreditava que entrar em Farmácia, que é um curso que as pessoas valorizam, me ia trazer felicidade, que a carreira profissional era importante etc, etc, como a minha mãe, e agora acho que quero é ter uma família e um filho, que isso é que me pode fazer mais feliz. Também gostava de ser mais conversadora, no outro dia um colega estava a explicar uma matéria e eu até lhe disse – repete lá outra vez, para eu perceber melhor e assim também consolidas os teus conhecimentos.

– Também estás a aprender a vender Time-Sharing, Rita!

– Foi o que eu pensei».

Esta sessão parece-me particularmente interessante, pois começa com a divisão da Rita entre uma imagem corporal de uma casa descuidada e um lugar onde ela pode descobrir o corpo masculino e a Bio-Química dos homens. Mas se por um lado, ela já é capaz de sonhar com estes homens que despertam sentimentos bio-químicos, depois no plano racional, a Rita desconfia dos homens, desvaloriza-os e agarra-se aos aspectos narcísicos numa espécie de aliança com a sua família, família onde a sexualidade é sempre muito desqualificada e vivida como ameaçadora.

Mas a Rita está disposta a uma aprendizagem emocional, está farta de ser uma marrona, é um papel do passado, e ela mesma diz «no liceu era assim, mas agora não quero». Ela quer que a memória seja futuro, quer transformar-se numa mulher que possa despertar efeitos bio-químicos e não que a memória seja passado e diga «estes homens querem é aproveitar-se de ti, são perigosos».

No clima morno em que decorrem as sessões com a Rita, há alguns murmúrios de aproximação a mim. É assim que, por exemplo, ao trabalharmos sobre esta matriz anti-masculina, numa sessão em que a Rita fala acerca da forma estranha e incompreensível como os pais tratam o namorado da irmã e tudo o que se relaciona com a sexualidade, a Rita está tão excitada com este descobrir da sexualidade que transforma a sessão numa espécie de conversa de raparigas durante a qual, me trata distraidamente por tu, mostrando deste modo, a sua aproximação na relação comigo.

CAPÍTULO IV

REFLEXÃO CRÍTICA E CONCLUSÕES SOBRE OS CASOS CLÍNICOS

QUANDO RELI esta tese percebi o prazer de narrar, de descrever e sobretudo de conhecer as doentes da minha amostra.

A emoção de observar com o coração é, sem dúvida, o aspecto mais gratificante da prática clínica. Ao clima e aos murmúrios invisíveis de cada sessão juntei o ensinamento de Bion de não confundir as aparências com a verdade.

É não esquecendo a perspectiva no tempo, algo que só o passar dos anos e o meu trabalho quotidiano no Hospital me puderam dar, que penso ser possível arriscar algumas conclusões desta tese.

Uma reflexão sobre os casos clínicos apresentados permite confirmar a aplicabilidade dos conceitos interpretativos de Bion na análise da anorexia nervosa. Sobressai nomeadamente o conceito de uma parte psicótica da personalidade que se manifesta na recusa do real, referido sistematicamente na anorexia nervosa, por um lado, quanto ao próprio corpo e, por outro lado, quanto à sexualidade.

Comum aos casos clínicos estudados e à generalidade dos casos de anorexia da minha experiência hospitalar é a recusa dos aspectos femininos do próprio corpo. Assim, a Matilde tem um ataque de pânico perante a possibilidade de o namorado poder descobrir a pequenez e a flacidez do seu peito e deseja fazer uma plástica que modifique o nariz, o rosto e o peito. A Helena tem uma história de lutar tanto contra a sua inicial gordura infantil que actualmente escolhe uma alimentação pura para obter uma maximização da performance cerebral. A Rita explica-me que tem uma diferença entre a parte debaixo e a parte de cima das pernas e que por isso não pode engordar porque acentuava essa diferença.

Uma outra anorética, a Filipa, seguida no meu serviço em acompanhamento psicoterapêutico, a Filipa disse-me que começou a fazer dieta por não gostar das características da sua personalidade e pensou que com a dieta ficaria diferente – de facto chegou a pesar 17 Kg, que é sensivelmente o peso de um bebé de 4 anos. Há aqui nitidamente uma confusão entre o dentro e o fora, entre o mundo interno e a imagem corporal. Neste sentido nós podemos lembrar uma frase de Freud muito interessante: «o Eu antes de tudo é um Eu corporal». O que é que ele queria dizer? Queria dizer que a constituição do Eu se faz através do corpo; queria dizer, por exemplo, que há um reflexo de sucção, e o bebé através da sucção entra em contacto com o seio da mãe, e o que fica dessa relação vai constituir o Eu, e por aí fora. Os restos que ficam destes investimentos, que são pensamentos e representações, é que vão constituir o Eu; portanto, como Freud disse, o Eu antes de tudo é um Eu corporal.

Agora se a pessoa tem a ideia que, se mudar o corpo, muda a personalidade, é como se a pessoa tentasse retornar a um estado de constança originário; isto é, o desejo de voltar a um corpo anterior ao corpo é como destituir o corpo de toda a sua história, de toda a experiência vivida, é quase como se a Filipa quisesse nascer de novo.

Somos assim introduzidos num pensar psicótico que é voltar ao zero, para fazer de novo.

Um outro caso seguido por mim em acompanhamento psicoterapêutico, a Mónica, explicou-me porque é que ela se vê gorda ao espelho e os outros acham que ela está magra. Ela centrava-se num ponto, numa parte, por exemplo, na cintura ou na bochecha que tem pele e um bocadinho de gordura; portanto, não vê o conjunto do corpo, só vê uma parte: quando quer emagrecer para diminuir o tamanho da cintura, logicamente que o corpo emagrece sempre todo.

Trata-se de uma manobra do pensar psicótico: num primeiro momento, toma a parte pelo todo e, num segundo momento, o todo reflui dentro da parte. Por outras palavras, num determinado momento, quando ela se olha ao espelho, ela não vê o corpo todo; a parte em que se centra (por exemplo, a cintura) é a que representa o todo. Seguidamente, há uma identificação projectiva a essa parte, que está a representar o todo: a totalidade do corpo fica contida nessa parte.

Assistimos como que a uma dificuldade de perceber que o todo é maior que a soma das partes, que o todo é a totalidade, e, se quisermos, numa linguagem psicanalítica, há uma incapacidade de viver um objecto total.

Esta é mais uma vez uma manobra do pensar psicótico. Porquê?

Porque, se num sonho nós podemos fazer isto, o sonho é o típico caso de um pensamento inconsciente em que a parte pode ser igual ao todo, enquanto, no pensar consciente, nós sabemos que uma coisa não é igual à outra. Por exemplo, um homem é um animal, mas um animal não é um homem.

A utilização de lógicas do inconsciente a nível consciente significa, portanto, como diz Bion, a perda de uma barreira de contacto entre o inconsciente e o consciente.

Esta recusa do próprio corpo, especialmente dos seus aspectos femininos, está ligada a uma recusa mais geral da diferença dos sexos e da própria sexualidade. Assim, a Matilde sonha com uma conversa com a mãe do namorado em que esta lhe diz que são ambas amigas e têm os seus assuntos para além do namorado.

Penso ser importante referir que não se trata de um aspecto da homossexualidade, mas antes de um aspecto da denegação da sexualidade, o que é completamente diferente.

O sonho revela uma exclusão que se articula com uma parte da mente dela, que odeia a diferença, a alteridade e a própria concepção do corpo como um corpo sexuado e feminino, ou seja, uma relação com o corpo, na qual a presença de um Pedro é, digamos, um estranho, que é em certa medida insuportável.

Este terceiro que é o outro só faz sentido se estiver no lugar do desejo. A Matilde ao querer excluí-lo, coloca-se numa relação em que o desejo não existe e não procura um objecto de amor.

Revela-se deste modo o conceito que a Matilde tem do corpo, um lugar onde repõe constantemente uma perfeição patológica, uma intocabilidade, uma idealização, uma pureza anoréxica.

Freud explica que em qualquer sintoma há um desejo de retorno a um estado originário; e a Matilde exprime assim o seu desejo de voltar a um estádio originário, onde não haja nada, a não ser a brutal mentira, de uma mãe perfeita para um bebé perfeito, sem a parte odiosa da mãe e a parte odiosa do bebé e a negação de tudo o que é estranho nessa relação, ou seja, as partes internas dissociadas.

É assim que a Matilde, a todo o custo, tenta reparar a mãe, um olhar que jamais a identificou, para que reparada a mãe, no olhar da mãe, ela própria possa estar reparada, sendo este o grande problema que tenta resolver e não o conceber-se junto a um homem.

A Rita sonha com a concepção de um filho sem a relação com um homem, de ar e vento, e depois dá origem a um rapaz, que é ela própria.

Assim, como vimos, as anoréxicas odeiam o corpo maternal, o corpo feminino e tudo o que ele significa, para ficarem envolvidas numa relação absolutamente enlouquecedora com uma imagem impossível de ser um bebé perfeito, de uma mãe que lhe devolve um olhar perfeito. Exclui-se assim a sua própria pessoa que também está contida naquele olhar que diz «isto és tu, também és esta parte que eu detesto em ti».

Confirma-se assim a interpretação de Bion, pelo que em todos estes casos, a psicoterapia se encaminha para que a anorética, em companhia do analista, seja capaz de pensar o real negativo da própria existência.

Aqui está a minha tese, depois de tanto andar em bolandas lutando para sobreviver às perversidades da incerteza. Leio-a e sinto-a como o alívio de um regresso à escola.

BIBLIOGRAFIA

BALASC, Christiane, *Désir de rien. De l'anorexie à la boulimie.* Paris, Aubier, 1990, 138 pp.

BAPTISTA, Fernando e outros, «The Prevalence of Disturbances of Eating Behaviour in a Portuguese Female Population», in *European Eating Disorders Review* 4 (4), 1996, p. 265-270.

BARAVALLE, Graziella e outros, *Anorexia. Teoria Clínica Psicoanalítica.* (Prólogo de NASIO, Juan David), Barcelona, Buenos Aires, México, Ed. Paidós, 1993, 88 pp.

BION, W. R., *Estudos Psicanalíticos Revisados (Second Thoughts),* Rio de Janeiro, Imago Editora, 1988b, 154 p. Terman-Hormé, 1996, 225 pp.

—, *O Aprender com a Experiência,* Rio de Janeiro, Imago Editora, 1991, 146 pp.

—, *Seminários Clínicos y Cuatro Textos,* Buenos Aires, Lugar Editorial, 1992, 257 pp.

—, *Conferências Brasileiras 1 São Paulo, 1973,* Rio de Janeiro, Imago Editora, 1975, 137 pp.

—, *1967, Notas Sobre a Memória e Desejo,* Elizabeth Bott Spillius (ed), *Melanie Klein Hoje,* Vol. 2, Rio de Janeiro, Imago Editora, 1990.

—, «Supervisão com Dr. Bion – III», *IDE – Revista de Psicanálise,* N° 16. Publicação da Sociedade Brasileira de Psicanálise de São Paulo, 1988.

—, *A Atenção e Interpretação. O Acesso Científico à Intuição em Psicanálise e Grupos.* Rio de Janeiro, Imago Editora, 1991, 148 pp.

BRUMBERG, Joan Jacobs, *Eating Girls the Emergence of Anorexia Nervosa as a Modern Disease*, London, Cambridge (Massachusetts), Harvard University Press, 1988, 866 pp.

BRUSSET, Bernard (Prefácio de WIDLOCHER, Daniel), *L'assiette et le miroir. L'anoréxie mentale de l'enfant et de l'adolescent 2,* ed. Toulose, Privat, 1991, 274 pp.

CAPARRÓS, Nicolás e SANFELIÚ, Isabel, *L'anorexia. Una locura del cuerpo,* Madrid, Biblioteca nueva, 1997, 196 pp.

CARMO, Isabel, *A Vida por um Fio. A Anorexeria Nervosa,* Lisboa, Relógio de Água, 1994, 134 pp.

CRAIC, Johnson (Ldª), *Psychodynamic Treatment of Anorexia Nervosa and Bulimia,* New-York, London, The Guilford, 1991, 404 pp.

DIAS, Carlos Amaral e FLEMING, Manuela, *A Psicanálise em Tempo de Mudança. Contribuições Teóricas a Partir de Bion,* Porto, Edições Afrontamento (Biblioteca das Ciências do Homem), 1998, 171 pp.

DIAS, Carlos Amaral, *Para uma Psicanálise de Relação,* Porto, Edições Afrontamento (Biblioteca das Ciências do Homem), 1988, 220 pp.

—, *O Negativo ou o Retorno a Freud,* Lisboa, Fim de Século Edições, 1999, 132 pp.

FERNANDES, João Cabral, *DSM- IV. Manual de Diagnóstico e Estatística das Perturbações Mentais,* Lisboa, CLIMEPSI Editores, 1996, 923 pp.

FREUD, Sigmund, *Edição Standard Brasileira das Obras Completas,* Rio de Janeiro, Imago Editora, 1980, (24 Vols).

GERLINGHOFF, Monika e BACKMUND, Herbet, *Anorexia e Bulimia,* Lisboa, Ed. Presença, 1997, 158 pp.

GREEN, André, *Le travail du négatif,* Paris, Les Editions de Minuit (collection critique), 1993, 397 pp.

HEKIER, Marcelo e MILLER, Celina, *Anorexia-bulimia: deseo de nada,* Buenos Aires, Barcelona, México, ed. Paidos, 1996, 155 pp. (Psicologia Profunda).

KAPLAN, J. Louise, *Adolescencia, el adios a la infancia,* Buenos Aires, Barcelona, México, Ed. Paidos, 1996, 342 pp.

KESTEMBERG, Evelyne e outros, *La faim et le corps,* Paris, Presses Universitaires de France, 1989, VIII, 301 pp.

KLEIN, Melanie, *Narrativa da Análise de uma Criança,* Rio de Janeiro, Imago Editora, 1994, 512 pp.

LAPLANCHE, J. e PONTALIS, J.-B., *Vocabulário da Psicanállise (6.ª Edição),* Lisboa, Moraes Editores, 1985, 707 pp.

LEAL, Isabel Pereira, *Entrevista Clínica e Psicoterapia de Apoio,* Lisboa, Ispa, 1999.

MALPIQQUE, Celeste, «A Imagem Espectacular da Irma na Psicoterapia da Anoréxica Mental», in *Psicologia,* Lisboa, 1980, 12 pp.

MARBEAU–CLEIRENS, Béatrice, «Ce qui est mobilisé chez les deux interlocuteurs dans l'entretien clinique», Colette CHILAND (ed.) *L'entretien clinique* 2.ª ed., Paris, Presses Universitaires de France, 1985.

SALGUEIRO, Emílio, «Anorexia Mental e Bulimia na Adolescência», in *Revista Portuguesa de Pediatria,* Lisboa, 22, 1991, p.363-365

SAMPAIO, Daniel, *Vivemos Livres Numa Prisão,* Lisboa, Ed. Caminho, 1998, 205 pp.

SOURS, John A., *Starving to Death in a Sea of Objects. The Anorexia Nervosa Syndrome,* John Aronson, Northvale, New Jersey, London, 1980, 443 pp.

SPEIER, Arny, *Silvina – Psicoterapia Familiar em um Caso de Anorexia Nervosa,* Buenos Aires, Ediciones Nueva Vision, 1986, 142 pp.

WRIGT, Georg-Henrik von, *Explanation and Understanding,* London, Routledg & Kegan Paul, 1971.

ZIMERMAN, David E., *Bion da Teoria à Prática. Uma leitura didáctica*, Porto Alegre, Artes Médicas, 1995, 295 pp.